새로운 도서,
다양한 자료
동양북스
홈페이지에서
만나보세요!

www.dongyangbooks.com
m.dongyangbooks.com

홈페이지 도서 자료실에서 학습자료 및 MP3 무료 다운로드

PC

❶ 홈페이지 접속 후 **도서 자료실** 클릭
❷ **하단 검색 창에 검색어 입력**
❸ MP3, 정답과 해설, 부가자료 등 첨부파일 다운로드

＊ 원하는 자료가 없는 경우 '요청하기' 클릭!

MOBILE

＊ 반드시 '인터넷, Safari, Chrome' App을 이용하여 홈페이지에 접속해주세요. (네이버, 다음 App 이용 시 첨부파일의 확장자명이 변경되어 저장되는 오류가 발생할 수 있습니다.)

❶ 홈페이지 접속 후 ☰ 터치

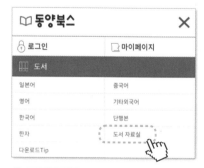

❷ **도서 자료실** 터치

❸ 하단 검색창에 검색어 입력
❹ MP3, 정답과 해설, 부가자료 등 첨부파일 다운로드

＊ 압축 해제 방법은 '다운로드 Tip' 참고

500만 독자가 선택한

가장 쉬운
독학 일본어 첫걸음
14,000원

가장 쉬운
독학 중국어 첫걸음
14,000원

가장 쉬운
독학 베트남어 첫걸음
15,000원

가장 쉬운
독학 스페인어 첫걸음
15,000원

가장 쉬운
독학 프랑스어 첫걸음
16,500원

가장 쉬운
독학 태국어 첫걸음
16,500원

가장 쉬운
프랑스어 첫걸음의 모든 것
17,000원

가장 쉬운
독일어 첫걸음의 모든 것
18,000원

가장 쉬운
스페인어 첫걸음의 모든 것
14,500원

첫걸음 베스트 1위!

가장 쉬운 러시아어
첫걸음의 모든 것
16,000원

가장 쉬운 이탈리아어
첫걸음의 모든 것
17,500원

가장 쉬운 포르투갈어
첫걸음의 모든 것
18,000원

버전업! 가장 쉬운
베트남어 첫걸음
16,000원

가장 쉬운 터키어
첫걸음의 모든 것
16,500원

버전업! 가장 쉬운
아랍어 첫걸음
18,500원

가장 쉬운 인도네시아어
첫걸음의 모든 것
18,500원

버전업! 가장 쉬운
태국어 첫걸음
16,800원

가장 쉬운 영어
첫걸음의 모든 것
16,500원

버전업! 굿모닝
독학 일본어 첫걸음
14,500원

가장 쉬운 중국어
첫걸음의 모든 것
14,500원

가장 쉬운 독학
중국어 첫걸음

가장 쉬운 독학
일본어 첫걸음

오늘부터는
팟캐스트로 공부하자!

팟캐스트 무료 음성 강의

▶ 1

iOS 사용자

Podcast 앱에서
'동양북스' 검색

▶ 2

안드로이드 사용자

플레이스토어에서 '팟빵' 등
팟캐스트 앱 다운로드,
다운받은 앱에서
'동양북스' 검색

▶ 3

PC에서

팟빵(www.podbbang.com)에
'동양북스' 검색
애플 iTunes 프로그램에서
'동양북스' 검색

◎ **현재 서비스 중인 강의 목록** (팟캐스트 강의는 수시로 업데이트 됩니다.)

- 가장 쉬운 독학 일본어 첫걸음
- 페이의 적재적소 중국어
- 가장 쉬운 독학 중국어 첫걸음
- 중국어 한글로 시작해
- 가장 쉬운 독학 베트남어 첫걸음

매일 매일 업데이트 되는 동양북스 SNS! 동양북스의 새로운 소식과 다양한 정보를 만나보세요.

blog.naver.com/dymg98　　instagram.com/dybooks　　facebook.com/dybooks　　twitter.com/dy_books

방구석에서 나혼자 공부하는 **영어 첫걸음!**

어서와~ **영어는 처음이지?**

김태연 **지음**

동양북스

방구석에서 나혼자 공부하는 영어 첫걸음!

초판 발행   2020년 8월 7일
초판 인쇄   2020년 7월 30일

지 은 이   김태연
발 행 인   김태웅
책임편집   황 준
일러스트   이유경
마 케 팅   나재승
제   작   현대순
발 행 처   동양북스
등   록   제 2014-000055호
주   소   서울시 마포구 동교로22길 14(04030)
전   화   02-337-1737
팩   스   02-334-6624
홈페이지   www.dongyangbooks.com

ISBN 979-11-5768-640-7 13740

◉ 머리말

안녕하세요, 김태연입니다.

그간 독해, 청취, 영문법, 회화, 영어 학습서 등 여러 분야에 걸친 많은 책을 내었고 이번에는 종합적으로 영어의 첫걸음을 떼고 기본적인 확실한 실력을 다질 수 있는 책을 내게 된 것을 참으로 보람되고 감사하게 생각합니다.

이 책으로 영어 공부를 하시려는 분들 중에는, 그동안 영어 공부를 여러 가지 방법으로 해보다가, 영어 공부를 해도 입에서 말은 안 떨어지고 영어로 남이 하는 말은 들리지도 않고 해서 포기했다가 다시 한 번 새롭게 마음을 먹고 제대로 해보자 하시는 분들도 계실 것이고, 또, 영어를 손에서 놓은 지 너무나 오래 되어서 처음 외국어를 배우는 심정으로 해보자 하시는 분들도 계실 것이라고 생각합니다. 또 말은 좀 되는데 들리지가 않거나, 무슨 말을 하는지는 알겠는데 내가 하고 싶은 말은 입에서 나오지 않거나, 해석은 되는데 회화가 안 된다던가, 문법적인 기초가 너무 없거나 하는 여러 가지 이유들로 고민하고 계실 수도 있겠죠.

이 교재에서는 영어권이 아닌 우리나라에서 현실적으로 어떻게 해야 영어로 하고 싶은 말을 다 할 수 있을지, 또 남이 하는 말도 잘 알아들을 수 있는지에 대한 집약된 노하우가 들어있습니다. 그리고 영어로 된 책이나 문서, 신문, 이메일 등을 잘 해석하는 독해 요령과 영어학습의 기본이 되는 영문법은 물론, 영어로 문장을 만드는 연습을 다양하게 할 수 있도록 구성되어 있습니다. 즉, 영어로 듣고 말하고 쓰고 이해하는 모든 것이 담겨있는 종합서라고 할 수 있겠죠. 영어는 영어로만 듣고 이해하고 익히라는 말을 하시는 분들도 많지만, 사실, 그런 학습이 너무나 많은 분들에게 좌절을 가져다준 것이 사실인 이유를 보면, 영어 학습을 하려는 시간, 장소를 제외하고는 영어만으로 듣고 말하는 환경에서 우리가 살고 있지 않기 때문입니다. 또한, 영어로만 계속 듣고 따라 하기만 하면 그 문장은 그 순간 기억될 수 있을지 몰라도 막상 어떤 상황이 되거나 어떤 말을 하려고 하면 그 말이 생각이 안나서 막막해지기 마련이죠. 따라서, 내가 하고자 하는 말을 영어로 잘 구사하려면, 내가 하려는 우리말을 영어로는 어떻게 하면 되는지, 또, 이런 상황에서는 영어로 어떻게 말하면 되는지를 필요에 따라 배우고 익히고 기억하고 연습해야 하는 것입니다. 동영상 강의도 적극 활용하셔서 200퍼센트의 효과를 보시기를 바랍니다.

감사합니다.

지은이 김태연

◉ 이렇게 100% 활용하세요!

과 소개
각 과의 본문에서 배울 내용들이 삽화와 함께 소개되어 있습니다. 자주 쓰이는 회화 표현을 말풍선을 표현해 놓았으니 재미있게 보면서 영어를 익혀 보세요.

상황 설명
구체적으로 상황을 재미있게 제시하여 앞으로 배울 내용이 어떤 내용일까를 추측할 수 있습니다.

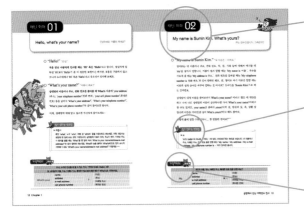

패턴 회화
상황별 기본 회화를 짧은 패턴으로 익힙니다. 상세한 설명과 함께 확실하게 표현을 익히세요.

입이 열리는 영문법
꼭 알아야 문법 사항을 회화 표현과 연계시켜 문법과 회화가 별개가 아니라 한꺼번에 배울 수 있도록 합니다.

기억해 줘
꼭 알아야 할 내용을 다시 정리하였습니다. 반드시 알고 넘어가야 할 내용으로 쉽게 도표로 정리하였습니다. 꼼꼼히 정리하세요.

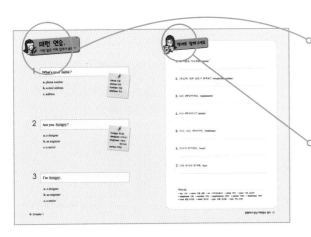

패턴 연습, 이런 말은 이제 입에서 술술~~
패턴 회화에서 기본 표현을 미리 제시된 다른 말로 대체 연습하여 완전히 자기 것으로 만들 수 있도록 하였습니다.

영어로 말해 보세요
앞에서 배운 내용을 스스로 말할 수 있도록 영작해 볼 수 있는 부분입니다. 본문 내용을 바탕으로 한 것이므로, 혹시 영작하기 힘들면 앞의 내용을 다시 살펴보세요.

영작, upgrade~~

회화 표현이나 문법의 중요 사항의 뼈대를 미리 제시하여 중요한 것을 다시 확인해 보며, 다른 상황에서 어떻게 그 표현이 활용될 수 있는 지 영작을 통해 확인할 수 있습니다.

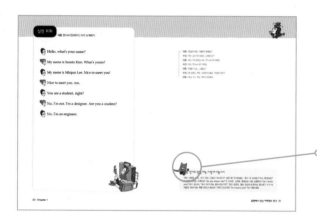

실전 회화

패턴 회화를 하나의 상황으로 만들어서 실제로 어떻게 대화가 이루어지는지 연습해 볼 수 있습니다. 먼저 교재를 보지 않고 CD를 들어본 후 잘 들리지 않는 부분은 교재를 확인하면서 반복 학습하세요.

영어로 말할 때는 이렇게 다릅니다.

우리말과 영어 표현 사이의 차이점을 본문 내용과 관련되어 재미있게 설명하였습니다. 어렵다고 생각했거나, 잘못된 표현을 바로 잡을 수 있습니다.

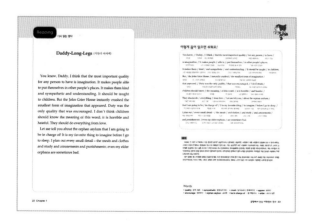

Reading 다시 읽는 명작

우리에게 친숙한 고전 명작을 다시 한 번 읽어보며 독해에 자신감을 가질 수 있도록 하였습니다.

● 차례

PART Ⅲ Strengthen_강화

PART Ⅳ Finish_마무리

PART I

Warm Up_웜업

Chapter 1

공항에서 만난
어학연수 친구

▶ **주제**
   1. 처음 만나서 인사하기
   2. 자기 소개하기

▶ **포인트**
   1. be동사를 넣어 가장 기본적인 문장 만들기
   2. be동사를 넣은 평서문과 의문문

● **그냥 말할 때:**
   누구는 ~이다, 어떠하다 / 무엇이 어떠하다
   ■ 주어 + is/are/am ~.
● **물어볼 때:**
   누구는 ~이니?, 어떠하니? / 무엇이 어떠하니?
   ■ Is/Are/Am + 주어 ~?
● **모르는 것에 대해서 물어볼 때:**
   이름, 주소, 전화 번호가 뭐니?
   ■ What's your ~?

Hello, what's your name?

안녕하세요, 이름이 뭐예요?

○ "Hello!" "안녕!"

처음 만난 사람에게 인사할 때는 'Hi' 혹은 'Hello'라고 합니다. 엄밀하게 말하면 'Hi'보다 'Hello'가 좀 더 정중한 표현이긴 하지만, 보통은 구분하지 않고 쓰니까 누구에게나 'Hi' 혹은 'Hello'라고 웃으면서 인사해 보세요.

○ "What's your name?" "이름이 뭐죠?"

상대방의 이름이나 주소, 전화 번호를 물어볼 때 **What's** 다음에 'your address'(주소), 'your telephone number'(전화 번호), 'your cell phone number'(휴대폰 번호) 등을 넣어서 'What's your address?', 'What's your telephone number?', 'What's your cell phone number?'와 같이 물어보면 됩니다.

이제, 상대방에 대해 알고 싶으면 자신있게 물어보세요~

입이 열리는 영문법

▶ **의문사**

무엇 'what', 누구 'who', 어떤 것 'which' 등을 의문사라고 하는데요, 이런 의문사는 문장의 맨 앞에 쓰는 것이 기본입니다. 상대방의 이름이 뭔지, 주소가 뭔지, 이메일 주소가 뭔지를 물을 때는 'What'을 맨 앞에 써서 'What is your name/address/e-mail address?'와 같이 말하면 되는데요, What과 is를 줄여서 What's라고도 많이 쓰니까 기억해 두세요. 'What's your name/address/e-mail address?' 이렇게요~~

기억해줘!

하나, 누구든 만났을 때 할 수 있는 인사, 기억해 두세요: Hello!, Hi!			
둘, 상대방의 이름, 주소, 이메일 주소, 휴대폰 번호 등을 물을 때는?: What's로 시작하세요.			
What's your	name	?	(이름)
	address		(주소)
	e-mail address		(이메일 주소)
	cell phone number		(휴대폰 번호)

My name is Sumin Kim. What's yours?

저는 김수민입니다. 그쪽은요?

○ "My name is Sumin Kim." "내 이름은 ~이에요."

영어로는 내 이름이나 주소, 전화 번호, 차, 집, 가족 등에 대해서 얘기할 때 'my'를 넣어서 말합니다. 이름이 뭔지 말할 때는 'My name is 이름.', 주소를 가르쳐 줄 때는 'My address is 주소.', 전화 번호를 알려줄 때는 'My telephone number is 전화 번호.'와 같이 말하면 돼요. 참, 영어로 자기 이름을 말할 때는 이름과 성의 순서를 바꾸어 말하는 것 아시죠? 김수민을 'Sumin Kim'으로 하는 것처럼요.

상대방이 내게 이름을 물어보면서 What's your name? 이라고 했을 때 대답을 하고 나서 나도 상대방의 이름이 궁금하다면 다시 What's your name?이라고 할 수도 있지만, your name을 줄여서 yours(너의 것, 당신의 것, 즉, 상황 상 당신의 이름을 가리킴)를 넣어 What's yours?라고 해도 좋아요.

이렇게 짧게 말할 수도 있다니... 참 알뜰한 영어죠?^^

 입이 열리는 영문법

▶ is

'is'는 be동사의 하나로, '~이다, ~에 있다, 어떠하다'라는 뜻으로 쓰입니다. 내 이름이나 주소, 이메일 주소, 전화 번호 등을 말할 때는 'My name / My address / My e-mail address / My telephone number is ~.'라고 말하면 됩니다.

 **기억해줘!**

본인의 이름, 주소, 이메일 주소, 휴대폰 번호 등을 말할 때는?			
My	name	is ~.	(이름)
	address		(주소)
	e-mail address		(이메일 주소)
	cell phone number		(휴대폰 번호)

A: Nice to meet you! 만나서 반가워요!

B: Nice to meet you, too. 만나게 돼서 저도 반갑습니다.

○ **"Nice to meet you!"** "만나서 반가워!"

처음 만난 사람에게, 만나서 반갑다고 말할 때 쓰는 말이 'Nice to meet you!' 예요. 'Nice' '좋다' 왜? 'to meet you' '너를 만나서'라는 뜻이죠. 한 번 만났던 사람을 다음에 다시 만나면 'Nice to meet you!'라고 하지 말고 'Nice to see you!'라고 해야 합니다. 'meet'을 넣어서 반갑다고 하는 말은 처음 만났을 때 딱 한 번만 쓰도록 하세요. 누구든 처음 만나는 것은 한 번 뿐이죠?^^

○ **"Nice to meet you, too."** "너를 만나서 나도 반가워."

상대방이 한 말에 대해 맞장구를 치면서, **나도, 역시, 또한 그렇다고 말할 때는 문장의 끝에 'too'를 써서 말합니다.** 나를 만나서 반갑다고? 나도 역시 반가워. 'Nice to meet you, too.'를 간단하게 줄여서 'You, too.'라고 하는데, 이건, "당신을" 만난 것도 역시 반갑다 라는 의미예요. 이 외에는 상대방이 어떤 말을 했을 때라도 "나도 그래."라고 맞장구칠 때 'Me, too.'라고 하면 됩니다.

 입이 열리는 영문법

▶ 'Me, too.' or 'You, too.'

상대방이 'Nice to meet you.'라고 하면 이쪽에서도 마찬가지로 만나서 반갑다고 맞장구를 치는 대답을 하기 마련이죠? 이 때는 'Me, too.'가 아니라 'You, too.'라고 하는 게 맞습니다. 왜냐하면, 'Nice to meet you, too.'의 뒷 부분인 'You, too.'라고 줄여서 말하는 거라서 그렇습니다.

기억해줘!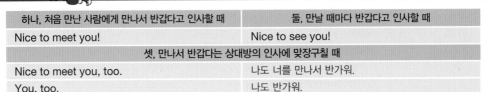

하나, 처음 만난 사람에게 만나서 반갑다고 인사할 때	둘, 만날 때마다 반갑다고 인사할 때
Nice to meet you!	Nice to see you!
셋, 만나서 반갑다는 상대방의 인사에 맞장구칠 때	
Nice to meet you, too.	나도 너를 만나서 반가워.
You, too.	나도 반가워.

패턴 회화 **04**

A: Are you a student? 학생이세요?

B: No, I'm not. 아닙니다, 그렇지 않습니다.

○ "Are you a student?" "넌 ~이니?"

상대방이 **"무엇"**인지를 물을 때는 **Are you a** 다음에 궁금한 것을 넣어서 물어 보세요. 학생인지를 물을 때는 student를 넣어서 말하면 되고, 구체적인 학년을 물을 때, 대학교 1학년은 'freshman', 2학년은 'sophomore', 3학년은 'junior', 4 학년은 'senior'라고 합니다.

대학 졸업하고 막 취업한 신입사원도 'freshman'이라고 하구요.

인생을 살면서 우리가 새로워지는 순간이 종종 있죠?^^

 입이 열리는 영문법

▶ be동사로 시작하는 의문문

be동사인 'am, is, are'를 넣어 물어보는 문장, 즉, 의문문은 'Am, Is, Are' 다음에 '주어 + 나머지'의 순서가 돼요. 상대방에게 물어볼 때는 'Are you' 다음에 묻고 싶은 내용을 넣어 말하면 되는 거죠. 'Are you a student?' '학생이세요?', 'Are you busy?' '바쁘세요?', 'Are you tired?' '피곤하세요?' 이렇게 말이에요.

 기억해줘!

하나, 대학생인 상대방의 학년이 궁금할 때			
Are you a	freshman	?	(1학년)
	sophomore		(2학년)
	junior		(3학년)
	senior		(4학년)
둘, 대학생인 나의 학년을 말할 때?			
I'm a	freshman	.	(1학년)
	sophomore		(2학년)
	junior		(3학년)
	senior		(4학년)

1 **What's your** name ?

a. phone number

b. e-mail address

c. address

> **name:** 이름
> **phone:** 전화
> **number:** 번호
> **address:** 주소

2 **Are you** hungry ?

a. a designer

b. an engineer

c. a senior

> **hungry:** 배고픈
> **designer:** 디자이너
> **engineer:** 기술자,
> 엔지니어
> **senior:** 4학년

3 **I'm** hungry .

a. a designer

b. an engineer

c. a senior

영어로 말해보세요

1. 내 이름은 미나예요. (name)

_____

2. (당신의) 전화 번호가 뭐예요? (telephone number)

_____

3. 나는 2학년이에요. (sophomore)

_____

4. 너는 4학년이니? (senior)

_____

5. 아니, 나는 1학년이야. (freshman)

_____

6. 만나서 반가워요. (meet)

_____

7. 나도 만나서 반가워. (too)

_____

Words
- **my** 나의 • **name** 이름, 성함 • **is** ~이다(be동사) • **what** 무엇 • **your** 너의, 당신의
- **telephone** 전화 • **number** 번호 • **sophomore** 2학년 • **senior** 4학년 • **freshman** 1학년
- **nice** 좋은, 반가운 • **meet** 만나다 • **you** 너를, 당신을 • **too** 역시, 또한

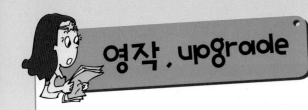

1   What's your ~?

1. 네 꿈은 뭐니? (dream)

_____

2. 너 트위터 아이디가 뭐야? (twitter ID)

_____

3. 넌 취미가 뭐야? (hobby)

_____

4. 넌 특기가 뭔데? (specialty)

_____

5. 최종 목표가 뭔데? (ultimate goal)

_____

2   Are you ~?

6. 주부신가요? (housewife)

_____

7. 아르바이트생인가요? (part-timer)

_____

8. 너 (그 말) 진심이야? (serious)

_____

9. 너 괜찮아? (OK)

_____

10. 너 바빠? (busy)

_____

3 I'm ~.

11. 저는 풀타임으로 일하는 사람입니다. (full-timer)

_____

12. 저는 대학원생입니다. (graduate school)

_____

13. 배가 불러요. (full)

_____

14. 추워요.

_____

15. 배가 고파 죽겠어요. (starving)

_____

Try it ~ 대화 영작

A: 아르바이트생인가요? (part-timer)

1. _____

B: 아니요, 저는 풀타임으로 일하는 사람입니다. (full-timer)

2. _____

A: 꿈이 뭐죠? (dream)

3. _____

B: 저는 전문 가수가 되고 싶어요. (professional, singer)

4. _____

A: 정말이에요? (serious)

5. _____

B: 네, 진심입니다. (serious)

6. _____

Hello, what's your name?

 My name is Sumin Kim. What's yours?

 My name is Minjun Lee. Nice to meet you!

 Nice to meet you, too.

 You are a student, right?

 No, I'm not. I'm a designer. Are you a student?

 No, I'm an engineer.

민준: 안녕하세요, 이름이 뭐예요?

수민: 저는 김수민이에요. 그쪽은요?

민준: 저는 이민준입니다. 만나서 반가워요.

수민: 저도 만나서 반가워요.

민준: 학생이시죠, 그렇죠?

수민: 아니에요, 저는 디자이너예요. 학생이세요?

민준: 아닙니다, 저는 엔지니어예요.

 영어로 말할 때는 이렇게 다릅니다.

어떤 사람을 보고, 내가 아는 사람이 아니던가? 싶을 때 우리말로는 "혹시 저 아세요?"라고 묻잖아요? 이 말을 영어로 직역하면 'Do you know me?'가 되지만, 실제로 영어로는 이런 상황에서 'Do I know you?'라고 합니다. "혹시 제가 아는 분이시던가요?" 정도 되겠죠. 훨씬 공손하게 들리는 말이죠? 누가 여러분을 보며 아는 체를 하려고 하는데 기억이 안난다면, 'Do I know you?'라고 해보세요.

Daddy-Long-Legs (키다리 아저씨)

You know, Daddy, I think that the most important quality for any person to have is imagination. It makes people able to put themselves in other people's places. It makes them kind and sympathetic and understanding. It should be taught to children. But the John Grier Home instantly crushed the smallest form of imagination that appeared. Duty was the only quality that was encouraged. I don't think children should know the meaning of this word; it is horrible and hateful. They should do everything from love.

Let me tell you about the orphan asylum that I am going to be in charge of! It is my favorite thing to imagine before I go to sleep. I plan out every small detail – the meals and clothes and study and amusements and punishments; even my elder orphans are sometimes bad.

이렇게 끊어 읽으면 쉬워요!

You know, / Daddy, / I think / that the most important quality / for any person / to have /
저기요　　　　아저씨　　　저는 생각해요　　　가장 중요한 성격은　　　어떤 사람에게나　　가질 수 있는

is imagination. / It makes people / able to / put themselves / in other people's places.
상상력이에요.　　그건 사람들을 만들죠　가능하게요　자신들을 둘 수 있게　　다른 사람의 입장에

It makes them / kind / and sympathetic / and understanding. / It should be taught / to children.
그건 사람들을 만들어줘요 친절하게 그리고 동정심 있게　　그리고 이해심 있게　　그건 가르쳐져야 해요　　아이들에게

But / the John Grier Home / instantly crushed / the smallest form of imagination /
하지만　　존 그리어 고아원은　　　즉시 뭉개버리죠　　　가장 작은 상상력의 모습을

that appeared. / Duty was the only quality / that was encouraged. / I don't think /
보이는　　　　의무감이 유일한 성격이었어요　　　　격려되는.　　　저는 이렇게 생각하지 않아요

children should know / the meaning / of this word; / it is horrible / and hateful. /
아이들이 알아야 한다고　　의미를　　이 단어의　　그건 끔찍하고　그리고 혐오스러워요

They should do / everything / from love. / Let me tell you / about the orphan asylum /
그들은 해야 해요　　모든 것을　사랑에서 우러나와서　말씀드릴게요　　고아원에 대해서

that I am going to be / in charge of! / It is my favorite thing / to imagine / before I go to sleep. /
이건 제가 이렇게 하게 될　책임을 지게!　제가 아주 좋아하는 일이에요　상상하는 거요　제가 잠자리에 들기 전에요.

I plan out / every small detail – / the meals / and clothes / and study / and amusements /
저는 계획을 짜요　모든 소소한 것들을　식사　그리고 의복　그리고 교육　그리고 오락들

and punishments; / even my elder orphans / are sometimes bad.
그리고 처벌까지도　심지어 저보다 나이 많은 고아들도　가끔 나쁘게 굴거든요

해석

아저씨, 전 어떤 누구에게나 가장 중요한 성격은 상상력이라고 생각해요. 상상력은, 사람들이 다른 사람들의 입장에서 볼 수 있게 해주죠. 그래서 사람이 친절하고 동정심이 있고 또 이해심이 있게 되는 거죠. 상상력은 어린 시절부터 가르쳐져야 하는 거예요. 하지만 존 그리어 고아원은 상상력이 있나 싶은 조그만 기색만 보여도 즉시 뭉개버리죠. (아이들에게) 강요되는 유일한 성격은 의무감이었어요. 저는 아이들이 의무감이라는 단어의 뜻을 알아야 한다고 생각하지 않아요. 의무감이란 끔찍하고 혐오스러운 단어잖아요. 아이들은 무슨 일이든 사랑에서 우러나와 해야 하는거라구요.

제가 원장이 될 고아원에 대해서 말씀드릴게요. 이건 잠자리에 들기 전에 즐겨 하는 공상이에요. 저는 아주 세세한 작은 부분까지도 계획을 세워 두었어요. 식사나 의복, 그리고 교육과 오락, 벌칙에 대해서도요, 저보다 나이가 많은 고아 아이들도 가끔씩은 나쁘게 굴거든요.

Words

- **quality** 성격, 성품 • **sympathetic** 동정심이 있는 • **crush** 망가뜨리다, 뭉개버리다 • **appear** 보이다
- **encourage** 격려하다 • **orphan asylum** 고아원 • **be in charge of** ~를 책임지다 • **elder** 나이가 많은

Walking is relaxing.

Chapter 2

서로에 대해 탐색하기

▶ **주제**

상대방에게 궁금한 것과 정보 묻기와 대답하기

▶ **포인트**

1. 일반동사를 넣어 문장 만들기
2. 일반동사가 있는 의문문 만들기

● **그냥 말할 때:**

누구는 ~한다 / 무엇이 ~한다
■ 주어 + 동사.

● **물어볼 때:**

누가 ~하니? / 무엇이 ~하니?
■ Do/Does + 주어 + 동사원형?

Do you jog every day?

매일 조깅을 하세요?

○ **"Do you jog every day?"** "~하니?"

상대방이 무엇을 하는지를 물을 때는 'Do you ~?'와 같이 말하면 돼요. 'jog' 는 조금 빠르게 걷는 걸음을 뜻하는 것으로 우리말로도 그냥 조깅이라고 하죠. 'every day'는 '매일'이라는 뜻인데 이런 말은 문장 뒤에 붙여서 말하면 됩니다.

Do you jog every day? Well ... 건강을 위해 '일주일에 서너 번' 'three or four times a week', '30분 정도의 조깅' 'jog for about 30 minutes' 어떨까요?

입이 열리는 영문법

▶ **일반동사**
영어의 동사는 be동사, 조동사, 일반동사 이렇게 세 가지로 나뉘어 집니다. 이 중에서 '조 깅하다' 'jog', '수영하다' 'swim', '읽다' 'read', '말하다' 'speak' 등 어떤 동작이나 행동 을 하는 것을 나타내는 동사들을 일반동사라고 하는데 이런 일반동사를 넣어 물어보는 문장, 즉, 의문문을 만들어 말할 때는 주어에 따라 'Do/Does + 주어 + 동사원형 + 나머지 ~?' 의 순서로 말하면 돼요. 앞에 있는 상대방에게 어떤 것을 하느냐고 물어볼 때는 'Do you + 동사원형 + 나머지 ~?'의 순서로 말해보세요.

기억해줘!

상대방에게 무엇을 하는지 물을 때			
Do you	jog	?	조깅하세요?
	swim		수영하세요?
	speak English		영어하세요?
	exercise		운동하세요?

패턴 회화 02

Not every day. Just a couple of days a week.

매일은 아니구요. 그냥 일주일에 몇 일 정도요.

○ **"Not every day."** "~은 아니야."

'~은 아니다'라고 할 때는 **Not**을 앞에 붙여서 이렇게 말합니다. Not every day, 매일은 아니고 몇 일이라는 의미죠. 내 MP3를 누가 이렇게 망가뜨려놨을까하고 두리번거리는 사람을 보고, "나는 아니야!"라고 하고 싶으면, 'Not me!'라고 하면 되겠죠.

바쁜 일상 속에서 매일 운동할 짬을 내기는 쉽지가 않죠? 조깅을 하긴 하지만 매일은 아니구요. I jog but not every day.

○ **"Just a couple of days a week."** "~은 아니야."

'**just**'는 '~만, 겨우 ~, ~뿐'이라는 뜻이에요. 'a couple of'는 '한 둘'을 가리키는 말이고, 'a week'이라고 하면 '일주일에'라는 뜻입니다. 그래서 'a couple of days a week'이라고 하면, '일주일에 하루 이틀'이 되죠. '한 달에 몇 번, 일년에 몇 번'이라는 말은 '몇 번 + a month', '몇 번 + a year'이라고 합니다.

입이 열리는 영문법

▶ 부정관사 a

'a'라는 부정관사는 '~마다, ~에'라는 뜻으로도 쓰이는데요, 'once a week'라고 하면 '일주일에 한 번', 'twice a week'라고 하면 '일주일에 두 번', 'a couple of days a week'는 '일주일에 한 두 번'이 되고, 앞에 'just'를 붙여서 'Just a couple of days a week.'라고 하면 '일주일에 한 두 번만, 일주일에 한두 번밖에'라는 뜻이 되죠.

기억해줘!

하나, 무엇이 아니라고 말할 때			둘, 한 두 개의 어떤 것을 나타낼 때		
Not	every day.	매일은 아니구요.	**A couple of**	days.	하루 이틀.
	every week.	매주는 아니구요.			
	every one.	모든 사람들이 그런 건 아니구요.		friends.	한 두 명의 친구.
	me.	저는 아니에요.			

서로에 대해 탐색하기 27

> **A: Are you a good dancer?**   춤을 잘 추세요?
>
> **B: Yes, I am.**   네, 그래요.

○ **"Are you a good dancer?"** "~를 잘 하세요?"

상대방에게 춤을 잘 추냐, 노래를 잘 하냐, 요리를 잘 하냐와 같이 **어떤 것을 잘 하는지 묻는 표현**입니다. Are you a 다음에, 'good dancer' '춤을 잘 추는 사람', 'good singer' '노래를 잘 하는 사람', 'good cook' '요리 잘 하는 사람' 등을 연결해서 말해보세요.

여러분은 춤을 잘 추시나요? Are you a good dancer? 노래를 잘 하세요? Are you a good singer? 뭐든 즐기면 잘 하게 되죠? 영어도 마찬가지입니다^^

입이 열리는 영문법

▶ **동사 + er '사람'**
동사에 er 혹은 r(동사가 e로 끝나는 경우)을 붙이면 그 행동을 하는 사람이라는 뜻의 명사가 돼요. 예를 들어서, 'dance'는 '춤을 추다'인데 여기에 r을 붙인 'dancer'는 '춤을 추는 사람'이라는 뜻의 명사랍니다. 몇 가지 더 만들어 볼까요? 'run'은 '달리다', 'runner'는 '달리는 사람', 혹은 달리기 선수, 주자'라는 뜻이 되고, 'swim'은 '수영하다', 'swimmer'는 '수영하는 사람, 수영 선수'라는 뜻이죠.

○ **"Yes, I am."** "네, 그래요."

상대방이 Are you ~?로 물어봤을 때 **그렇다고 할 때는 'Yes, I am.'**이라고 대답하고, **아니라고 할 때는 'No, I am not.'**이라고 합니다. 또 Do you ~?로 물어봤을 때 그렇다고 할 때는, 'Yes, I do.'라고 대답하고, 아니라고 할 때는 'No, I don't.'라고 합니다. 이 책을 매일 보고 계시죠? Yes, I do!

기억해줘!

잘 하는지 물어보고 싶다면? Are you a good ~er?			
Are you	a good dancer	?	춤을 잘 추나요?
	a good singer		노래를 잘 하나요?
	a good swimmer		수영을 잘 하나요?

Walking is relaxing.

걷는 것이 휴식이 되거든요.

○ **"Walking is relaxing."** "~하는 것이 ~이 되거든요."

'walk'는 '걷다'라는 말이죠. 그런데 **'walking'**은 '걷는 것, 걷기'라는 말이에요.
'relaxing'은 '편안한, 휴식이 되는'이라는 말이구요.

When you're angry, just walk. 화가 날 때는 그냥 걸어보세요. 편안한 마음으
로 걷다보면 화나 스트레스가 스르르 없어진다고 합니다.

 입이 열리는 영문법

▶ **동명사 (~ing)**

동사원형에 ~ing를 붙인 것을 동명사라고 하고, '~하는 것, ~하기'라는 뜻이 됩니다. 원
래 동사는 주어나 목적어, 보어로 쓰일 수 없지만, 동명사는 문장 안에서 주어나 목적어,
보어의 역할을 할 수 있어요. 'walk'는 '걷다', 'walking'은 '걷기, 걷는 것', 'relax'는 '쉬다,
휴식하다', 'relaxing'은 '쉬기, 쉬는 것, 휴식하기, 휴식하는 것'이라는 뜻으로, 'Walking
is relaxing.'은 '걷는 것이 휴식하는 것이다.'라는 말이죠.

 **기억해줘!**

동사원형에 ~ing를 붙이면 "~하는 것" 이라는 뜻			
walk	걷다	walking	걷는 것, 걷기
relax	휴식하다, 쉬다	relaxing	휴식하는 것, 휴식하기

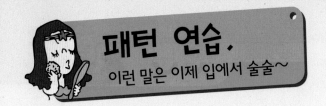

1

Do you jog every day ?

a. swim

b. speak English

c. exercise

> jog: 조깅하다
> swim: 수영하다
> speak: 말하다
> exercise: 운동하다

2

I jog every day .

a. live here

b. sleep well

c. understand

> live: 살다
> sleep: 자다
> well: 잘
> understand: 이해하다

3

Jogging **is relaxing.**

a. Reading

b. Singing

c. Swimming

> relaxing: 마음을 느긋하게 해 주는, 편한
> read: 읽다
> sing: 노래하다
> swim: 수영하다

1. 나는 조깅을 해. (jog)

_____

2. 나는 매일 수영을 해. (every day)

_____

3. 너는 가끔 조깅을 하니? (sometimes)

_____

4. 매일은 아니구. (not)

_____

5. 너는 수영을 잘 하니? (swimmer)

_____

6. 수영하는 것은 휴식이 돼. (relaxing)

_____

7. 나는 일주일에 3일 수영을 해. (a week)

_____

Words
- **jog** 조깅하다 • **every day** 매일 • **sometimes** 가끔, 때때로 • **good** 좋은
- **swim** 수영하다 • **relaxing** 휴식이 되는 • **three days** 사흘

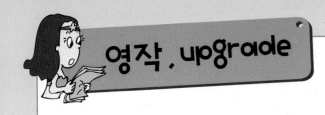

1   Do you ~?

1. 매일 운동을 하세요? (exercise)

_____

2. 여기 사세요? (live, here)

_____

3. 잠을 잘 주무세요? (sleep, well)

_____

4. 이해가 되세요? (understand)

_____

5. 주말에 일 하세요? (work, on the weekends)

_____

2   I ~.

6. 저는 여기 살아요.

_____

7. 저는 매일 수영을 해요. (swim)

_____

8. 저는 많이 걸어요. (walk, a lot)

_____

9. 이해가 되네요. (understand)

_____

10. 저는 아침에 일찍 일어나요. (get up early, morning)

_____

3   ~ing is ...

11. 책을 읽는 것은 휴식이 돼요. (relaxing)

_____

12. 노래하는 것은 재미있어요. (singing, fun)

_____

13. 조깅하는 것은 도움이 돼요. (jogging, helpful)

_____

14. 수영하는 것은 건강에 좋아요. (swimming, health)

_____

15. 춤을 추는 것은 아주 재미있어요. (dancing, very fun)

_____

Try it ~ 대화 영작

A: 여기 사세요? (live, here)

1. _____

B: 네, 옆집에 살아요. (next door)

2. _____

A: 매일 조깅을 하세요? (jog, every day)

3. _____

B: 아니요, 일주일에 두 세 번 조깅을 해요. (twice or three times a week)

4. _____

A: 조깅은 건강에 좋죠. (health)

5. _____

상대방에게 궁금한 것과 정보 묻기와 대답하기

 Do you jog every day?

 Not every day. Just a couple of days a week.

 Me, too. I walk a lot. Walking is relaxing.

 Do you swim sometimes?

 Yes, I do. I swim and dance.

 Are you a good dancer?

 Well ... maybe.

수민: 매일 조깅을 하세요?

민수: 매일은 아니구요. 일주일에 며칠 정도.

수민: 저도 그래요. 저는 많이 걸어요. 걷는 게 휴식이 되거든요.

민수: 가끔 수영을 하세요?

수민: 네. 수영도 하고 춤도 춰요.

민수: 춤을 잘 추세요?

수민: 글쎄요 ... 아마도.

영어로 말할 때는 이렇게 다릅니다.

우리말로는 상대방이 피곤하냐고 물을 때 그러면 "응, 피곤해."라고 하고, 피곤하지 않으면, "아니, 피곤하지 않아."라고 대답하죠? 또, "피곤하지 않니?"라는 질문에는 피곤하면 "아니, 피곤해."라고 하고, 피곤하지 않으면 "응, 피곤하지 않아."라고 하죠. 그런데 영어로 대답하는 것은 의외로 간단합니다. 상대방이 'Are you tired?'라고 하든, 'Aren't you tired?'라고 하든, 피곤하면 무조건 'Yes, I'm tired.'라고 대답하고, 피곤하지 않으면 'No, I'm not tired.'라고 하세요. 그러면 Yes, 그렇지 않으면 No!

The Old Man and the Sea (노인과 바다)

Then he began to feel sorry for the great fish he had hooked. He is wonderful and strange and who knows how old he is, he thought. I have never had such a strong fish, or such a strange-acting fish. Maybe he is too wise to jump. He could ruin me by jumping off. But maybe he has been hooked many times before and he wants to fight like this. He can't know that I'm just one man and that I am old. But what a great fish he is, he could be sold well in the market if his flesh is good. He took the bait like a male and he pulls like a male and his fight has no panic in it. I wonder if he has any plans or if he is just as desperate as I am.

이렇게 끊어 읽으면 쉬워요!

Then / he began to / feel sorry for / the great fish / he had hooked. / He is wonderful /
그리고는 그는 하기 시작했다 불쌍함을 느끼기 저 큰 고기에 대해 자기가 낚은. 저 놈은 위대하고

and strange / and who knows / how old he is, / he thought. / I have never had /
이상하다 그리고 누가 알겠나 몇 살이나 먹었는지를 그는 생각했다 나는 가져본 적이 없다

such a strong fish, / or / such a strange-acting fish. / Maybe / he is too wise / to jump. /
저렇게 강한 고기를 아니면 저렇게 이상하게 구는 고기를 아마 저 놈은 너무나 영특해서 뛰어 오르지는 않는 것이다

He could / ruin me / by jumping off. / But / maybe / he has been hooked / many times /
그는 할 수도 있다 나를 이길 수도 뛰어 올라서 하지만 아마 저 놈은 낚여보아서 여러 번

before / and he wants to / fight like this. / He can't know / that I'm just one man /
전에 그리고 그는 원한다 이렇게 싸우기를 그는 알 리가 없다 나 하나 뿐이라는 것을

and that I am old. / But / what a great fish he is, / he could / be sold well / in the market /
그리고 내가 늙었다는 것을 하지만 참 대단한 고기이다 저 놈은 할 수 있다 잘 팔릴 수 있다 시장에서

if / his flesh is good. / He took the bait / like a male / and he pulls / like a male / and /
만약 저 고기가 맛이 좋다면. 저 놈은 미끼를 물었다 숫놈처럼 그리고 밀어낸다 사내 놈처럼 그리고

fight / has no panic in it. / I wonder if / he has any plans / or / if he is /
싸움은 두려움이 전혀 없다 나는 그런지 아닌지 모르겠다 저 놈에게 계획이 있는 건지 아니면 저 놈이

just as desperate as I am.
나처럼 필사적인 건지

해석

　그리고는 낚시에 걸려 있는 큰 고기를 불쌍하게 생각하기 시작했다. 참 멋지고도 기이한 놈인데 몇 살이나 되었을까 하고 노인은 생각했다. 저렇게 기운이 좋고 이상하게 구는 놈은 생전 처음이야. 무척 영리한 놈이라서 뛰어 오르지 않나 보다. 갑자기 솟구쳐 오르면 내가 굴복하게 되겠지. 하지만 전에 여러 번 낚시에 걸려 본 적이 있어서 그런지 걸리면 으례 이런 식으로 싸워야지 싶은가 보다. 싸우는 상대가 딱 한 사람 이고 그나마 늙은이 혼자 인 줄은 알 턱이 없겠지. 하지만 저 고기는 엄청나게 큰 놈이다. 고기 맛만 좋다면 시장에서 굉장히 비싼 값을 받을 수 있을 것이다. 미끼를 무는 것도 숫놈답고 끌어당기는 힘도 과연 사내다운 놈이고, 싸우는 데도 겁내는 기색이 조금도 없다. 저는 저대로 무슨 꿍꿍이가 있어서 그런지 아니면 그냥 나처럼 필사적인 건지.

Words

- **hook** (낚시 바늘로) 낚다 • **strange-acting** 이상하게 구는 • **too ~ to ...** 너무 ~해서 ...하지 않는다
- **wise** 현명한 • **ruin** 굴복시키다 • **flesh** 살, 고기 • **bait** 미끼 • **male** 남자, 숫컷 • **panic** 두려움, 공포
- **wonder** 궁금하다 • **desperate** 필사적인

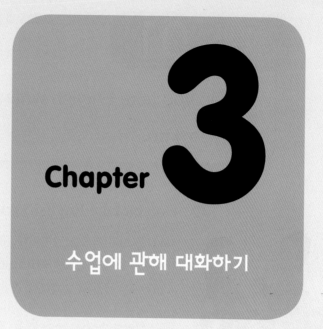

Chapter **3**

수업에 관해 대화하기

▶ **주제**
　구체적인 사실이나 정보를 묻고 대답하기

▶ **문법 포인트**
　목적어를 넣은 문장 만들기, 평서문과 의문문

● **그냥 말할 때:**
　누가 ~한다 무엇을 / 무엇이 ~한다 무엇을
　■ 주어 + 동사 + 목적어. / 3인칭 단수 주어 + 동사
　　(s/es) + 목적어.

● **물어볼 때:**
　누가 ~하니 무엇을? / 무엇이 ~하니 무엇을?
　■ Do + 주어 + 동사원형 + 목적어? / Does + 3인
　　칭 단수 주어 + 동사원형 + 목적어?

A: Do you take English writing class? 영작문 수업 들으세요?

B: Yes, I do. 네, 들어요.

○ "Do you take English writing class?" "~수업을 듣니?"

'take'은 어떤 과목을 '수강하다, 듣다'라는 뜻으로 뒤에 수강하는 대상, 과목의 이름을 이어서 말하면 돼요. 'take English writing class'라고 하면 '영작문 수업(이라는 과목)을 수강하다, 듣는다'라는 말이에요.

사실, 영어로 문장을 만들어보는 영어 영작도 회화에 많은 도움이 된답니다. It's really helpful. 단, 입을 열어 말을 해봐야 가능하겠죠?^^

 입이 열리는 영문법

▶ **타동사**

상대방이 어떤 것을 하는지 여부를 물어볼 때는 **Do you** 다음에 동사원형을 이어서 말하면 됩니다.
그리고 'take'과 같이 뒤에 목적어를 필요로 하는 동사를 타동사라고 하는데, 이런 타동사 뒤에는 목적어가 될 수 있는 것들인 명사, 대명사, 동명사 등을 넣을 수 있어요.

 **기억해줘!**

	하나, 어떤 것을 하는지를 물을 때는 **Do you ~?**		
	둘, 어떤 과목을 수강한다는 말은 **take ~ class**		
Do you take	English listening class	?	영어 청취 수업 듣니?
	cooking class		요리 강좌 듣니?

A: Do you take the class, too? 그쪽도 그 수업 들으세요?

B: No, I don't. 아니오.

○ **"Do you take the class?"** "당신은 ~하세요?"

'take the class'에서 **'the'**는 대화하고 있는 사람들이 서로 알고 있는 어떤 것을 지칭해서 가리킬 때 쓰는 말이에요. 우리말로 하면 '그 ~'라는 뜻이죠. 그래서 'take the class'는 '그 수업을 듣다'라는 말이 됩니다.

 입이 열리는 영문법

▶ 정관사 the
상대방과 이야기를 하면서 둘 다 알고 있는 어떤 것이나 사람을 가리킬 때는 앞에 the라는 정관사를 넣어 말해요. 너, 김태연 선생님이 쓴 책 샀다면서? 'You bought a book written by 김태연, right?'라고 말하면서, 그 책 좋든? 이라고 덧붙여 묻는다면 a book을 the book으로 바꿔서, 'Do you like the book?'이라고 하면 되는 거죠.

○ **"Do you take the class, too?"** "당신도 ~하세요?"

물어보는 문장 끝에 **'too'**를 쓰면, '역시, 또한 ~하는지'를 묻는 말이에요.

너도 이 책 좋아하니? Do you like this book, too?

 입이 열리는 영문법

▶ too
문장이나 단어 뒤에 'too'를 붙이면 '역시, 마찬가지로'라는 뜻이 됩니다. 상대방이 배가 고프다고 말했을 때 '나도 배고파.'라고 하고 싶으면 'Me, too.'라고 하고, 내가 스파게티를 좋아한다고 'I like spaghetti.'라고 하면서 '너도 스파게티를 좋아하니?'라고 물어볼 때는 'Do you like spaghetti, too?'라고 하면 돼요.

 기억해줘!

서로 아는 어떤 것을 가리킬 때는 the를 넣어 말하세요!	
Is **the** cell phone yours?	그 휴대폰, 네 것이니?
I don't like **the** idea.	나는 그 아이디어 별로야.

I take one business class and two speech classes.

저는 비즈니스 강좌 하나랑 스피치 강좌 두 개 들어요.

○ **"I take one business class and two speech classes."**

"나는 ~수업을 들어."

'I take' '나는 (수업 등을) 듣는다, 수강한다', 내가 수업을 듣는데 어떤 것을 듣느냐면, 'one business class' '하나의 비즈니스 강좌'와 'two speech classes' '두 개의 스피치 강좌'를 들으니까, 'I take one business class and two speech classes.'라고 했어요.

수업을 듣던 혼자 공부를 하던 가장 효과가 극대화되는 때가 언제인지 아세요? 바로, 배우고 싶다, 잘 하고 싶다는 열의, 열정이 솟아오를 때랍니다.

입이 열리는 영문법

▶ **명사의 단수형과 복수형**

사물의 이름을 가리키는 명사에는 단수형와 복수형이 있는데요, 단수형, 하나를 나타낼 때는 'a'나 'an' 혹은 'one'을 쓰고 명사를 그대로 쓰면 되고, 복수형, 두 개 이상을 가리킬 때는 앞에 a나 an을 쓰지 않고 명사 뒤에 's'나 'es'를 붙이면 돼요. 수업이 하나면 'a class' 혹은 'one class', 수업이 두 개 이상이면 'classes'라고 하는 거죠.

기억해줘!

	하나일 때는 명사 앞에 a 또는 an이나 one을, 둘 이상일 때는 명사에 s 또는 es를 붙인다는 것 떠올려 주세요.	
I take	one cooking class.	나는 요리 수업 하나를 들어요.
	one swimming class.	나는 수영 수업 하나를 들어요.
	two tennis lessons.	나는 테니스 레슨 두 개를 들어요.
	three English writing classes.	나는 영어 작문 수업 세 개를 들어요.

A: Does she take English writing class, too?

그녀도 영작문 수업을 듣나요?

B: Maybe ... and she likes you!

아마 그럴걸요 ... 그리고 그 애가 당신을 좋아해요!

○ "She likes you!" "그녀는 당신을 ~해요."

'She' '그녀는, 그 여자는', 'likes' '좋아하다', 누구를? 'you' '너를'. 대화를 하고 있는 두 사람이 알고 있는 어떤 여자가 너를 좋아한다고 말하는 말이에요. 서로 알고 있는 어떤 남자가 너를 좋아한다고 말하려면? He likes you.라고 하면 되겠죠.

축하해 ~~ 네가 그렇게 마음을 두고 있던 그 여자애가 너를 좋아한대!
Congratulations! She likes you! 이런 상황이라면 기분이 정말 좋겠죠? ㅎㅎ

입이 열리는 영문법

▶ 3인칭 단수

영어에서 가장 신경이 쓰이고 어려운 것이 아마 3인칭 단수라는 주어일텐데요 ... 3인칭 단수라는 것은, 나, 너, 우리, 너희들, 그들을 제외한 다른 어떤 한 사람 혹은 다른 어떤 하나를 말합니다. He, She, It, My mother, Jenny, The river와 같은 것들이죠. 주어 자리에 이런 3인칭 단수가 있을 때는, 현재 시제일 때 일반동사에 s나 es를 붙여야 해요. 나, 너, 우리, 그들이 비즈니스 강좌를 듣는다면 'I/You/We/They take business class.'라고 하면 되지만, 그녀, 그, 진호, 내 남동생과 같은 3인칭 단수 주어가 듣는다면 take에 s를 붙여서 'She/He/Jinho/My brother takes business class.'라고 해야 합니다.

주어가 3인칭 단수이고 문장에 일반동사가 있는 현재 시제 의문문은 Does로 시작합니다. 3인칭 단수가 아닌 주어가 있는 현재 시제 의문문은 Do로 시작하죠. 예를 들어, 상대방이 영작문 수업을 듣는지 물을 때는 'Do you take English writing class?'라고 하면 되고, she/he/Minjun/your sister 등이 영작문 수업을 듣는지를 물을 때는 Does로 시작해서, 'Does she/he/Minjun/your sister take English writing class?'라고 해야 하죠.

기억해줘!

	너, 나 말고 다른 누구 한 사람이 어떤 수업을 듣는지 물을 때는 Does 다음에 사람을 넣고 take + 수업 이름의 순서로 말한다는 것, 기억하세요.			
Does	your mother	take tennis lesson?	어머님이	테니스 레슨을 받으서?
	your father		아버지가	

1

Do you take English writing class ?

   a. English listening class

   b. cooking class

   c. tennis lesson

cooking: 요리
tennis: 테니스
lesson: 수업

2

I take one business class .

   a. one swimming class

   b. one golf lesson

   c. two speech classes

swimming: 수영
golf: 골프
speech: 말하기

3

My roommate takes business class .

   a. English listening class

   b. cooking class

   c. tennis lesson

roommate: 방친구

4

Does she take English writing class , **too?**

   a. one swimming class

   b. one golf lesson

   c. two speech classes

1. 너는 수민(Sumin)이를 좋아하니? (like)

_____

2. 너는 우리말 글쓰기 수업을 듣니? (take, writing class)

_____

3. 나는 영작 수업 하나랑 비즈니스 강좌 두 개를 들어. (business class)

_____

4. 수민(Sumin)이도 비즈니스 강좌를 듣니? (too)

_____

5. 수민(Sumin)이가 너를 좋아해. (like)

_____

6. 내 룸메이트가 영작 수업을 들어. (roommate)

_____

Words ────────────────────────────────
- **like** 좋아하다 • **take** 수강하다, 듣다 • **writing** 쓰기 • **writing class** 쓰기 강좌, 영작 수업
- **and** ~와, 그리고 • **two** 두 개의 • **business** 비즈니스 • **business class** 비즈니스 강좌
- **roommate** 룸메이트

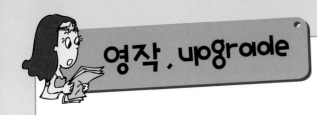

1 　 Do you + 동사원형 ~?

1. 애완견을 키우시나요? (have, pet)

_____

2. 노래하는 거 좋아하세요? (singing)

_____

3. 수학을 가르치세요? (teach, math)

_____

4. 저 사람 아세요? (know, person)

_____

5. 동전 모으세요? (collect, coin)

_____

2 　 Does + 주어 + 동사원형 ~?

6. 당신 여동생이 빵을 좋아하나요? (sister, bread)

_____

7. 당신 아버님이 테니스를 치시나요? (tennis)

_____

8. 당신 남편이 집에서 당신을 도와주나요? (husband, help, at home)

_____

9. 당신 아들에게 여자 친구가 있나요? (son, girlfriend)

_____

10. 남수가 분당에 사나요?

_____

3 누가 + 어떻게 한다 + 무엇을.

11. 저는 요리하는 것을 좋아해요. (like, cooking)

_____

12. 우리 부모님은 매일 배드민턴을 치세요. (parents, badminton, every day)

_____

13. 우리 오빠는 개를 좋아해요. (brother, love)

_____

14. 제 여동생과 저는 서로 도와줘요. (help, each other)

_____

15. 저도 가끔씩 이 프로그램을 들어요. (sometimes, program)

_____

Try it ~ 대화 영작

A: 너 로맨틱 코미디 좋아하니? (romantic comedies)

1. _____

B: 별로. 내 여동생이 로맨틱 코미디 좋아해. (not really)

2. _____

A: 네 여동생 남자 친구 있니?

3. _____

B: 응, 있어.

4. _____

A: 그러면, 이 영화표들 네 여동생 줘라. (then, give, movie tickets)

5. _____

B: 오, 고마워! 내 여동생 영화보러 가는 거 좋아해. (go to a movie)

6. _____

Sumin, do you take English writing class?

 Yes, I do. Do you take the class, too?

 No, I take one business class and two speech classes.

 Oh, my roommate takes business class.

 Does she take English writing class, too?

 Maybe ... and she likes you!

민준: 수민씨, 영작문 수업 들으세요?

수민: 네, 들어요. 민준씨도 그 수업 들어요?

민준: 아니요. 저는 비즈니스 강좌 하나랑 스피치 강좌 두 개 들어요.

수민: 맞다, 제 룸메이트가 비즈니스 강좌를 들어요.

민준: 그 분이 영작문 수업도 들으시나요?

수민: 아마 그럴걸요 … 그리고 그 애가 당신을 좋아해요!

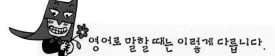

영어로 말할 때는 이렇게 다릅니다.

우리말로 할 때는 '우리 부모님'이라고 해서 our를 떠올릴 수도 있지만, 영어로는 우리처럼 '우리 집, 우리 학교, 우리 부모님' 등과 같이 말을 하지 않고 모두 '나의 ~'라고 말을 해요. 영어로 our parents라고 하면 상대방과 나의 부모님이 같은 분들이시라는 말이 되거든요. 영어로 말할 때는 모두 'my house, my school, my parents'와 같이 말해야 합니다.

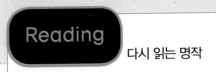

Anne Frank (안네의 일기)

Dear Kitty,

The relationships between us here are always getting worse. When we eat, no one dares to open their mouths (except to put food in) because what you say will either annoy someone or be misunderstood. I take Valerian pills every day against worry and depression, but it doesn't help me from being miserable the next day. A good laugh would help more the ten Valerian pills, but we've almost forgotten how to laugh. I am scared sometimes that being so serious will make my face grow long and my mouth hang down. Everyone else isn't getting better either, they all look with fear and worry towards the winter. We also don't like the warehouseman, V.M., who is becoming suspicious about the "Secret Annexe." We usually don't care what he thinks but he's so nosy and persistent and not trustworthy.

이렇게 끊어 읽으면 쉬워요!

Dear Kitty,

The relationships / between us here / are always getting worse. / When we eat, / no one /
관계가　　　　여기 있는 우리들 사이의　　　계속 더 악화되고 있어　　　우리가 식사를 할 때　　아무도

dares to open their mouths / (except to put food in) / because / what you say will / either /
감히 입을 열려고 하지 않아　　　음식을 넣을 때를 빼고는　　　왜냐면　　　말을 한 것이　　이럴 수도 있으니

annoy someone / or be misunderstood. / I take Valerian pills / every day /
사람들을 짜증나게　　　아니면 오해하게　　　나는 진정제를 먹어　　매일

against worry and depression, / but / it doesn't help me / from being miserable / the next day. /
걱정과 우울함을 떨쳐려고　　　하지만　도움이 되지 않아　　비참함을 느끼지 않게 (해주지 않아)　　다음 날

A good laugh / would help more the ten Valerian pills, / but / we've almost forgotten /
실컷 웃는 것이　　　열 알의 진정제보다 나을 텐데　　　하지만　우리는 거의 잊어버렸어

how to laugh. / I am scared / sometimes / that being so serious / will make my face grow long /
어떻게 웃는 건지를　　난 무서워　　때로는　　이렇게 심각하게 있는 것이　　내 얼굴을 길게 만들까봐

and my mouth hang down. / Everyone else / isn't getting better / either, / they all /
내 입을 길게 (만들까봐)　　다른 모든 이들도　　나아지지 않아　　역시　그들 모두

look with fear and worry / towards the winter. / We also / don't like the warehouseman, /
두려움과 걱정이 있어 보여　　다가오는 겨울 때문에　　우리는 또한　　창고담당자가 마음에 안 들어

V.M., / who is becoming suspicious / about the "Secret Annexe." / We usually / don't care /
V.M.　　　의심하기 시작하는　　　비밀스런 은신처에 대해서　　우리는 주로　신경 쓰지 않아

what he thinks / but / he's so nosy / and persistent / and not trustworthy.
그가 무슨 생각을 하든　하지만　그는 너무 참견이 많고　고집이 세고　　믿을 수가 없어

해석

키티에게,

　여기 있는 우리들 사이의 불화가 점점 더 심해지고 있어. 식사를 할 때도 아무도 감히 입을 열려고 하지 않아(음식을 입안에 넣을 때를 빼고는 말이야). 누구든 말을 하면 다른 사람들을 짜증나게 하거나 오해를 하게 만들 수 있으니까 말이지. 나는 걱정과 초조한 마음을 달래기 위해서 매일 진정제를 먹고 있어. 하지만 그렇게 해도 다음 날이 되면 비참해지는 건 막을 수가 없어. 한 번 마음껏 웃는 것이 진정제 열 알을 먹는 것보다 더 나을테지만, 이제는 우리 모두가 웃는 게 어떻게 하는 건지조차 거의 잊어가고 있어. 가끔은 이렇게 심각해하다는 얼굴은 길어지고 입가는 주욱 늘어지지 않을 까 몹시 두려워. 다른 모든 사람들도 역시 심란해하기는 마찬가지야. 모두들 다가올 끔찍한 겨울에 대한 두려움과 걱정으로 불안한 표정이야. 창고담당자인 V.M.이 우리의 비밀스런 은신처에 대해서 의심을 품고 있는 것 같아서 마음에 안 들어. 그가 어떻게 생각하든 상관없지만, 너무나 꼬치꼬치 캐묻고, 끈질기고 믿을 수가 없는 사람이라서 말이야.

Words

- **relationship** 관계　• **dare to** 감히 ~하려고 하다　• **except** ~을 제외하고　• **annoy** 짜증나게 하다
- **valerian** 진정제　• **pill** 알약　• **worry** 걱정, 두려움　• **depression** 우울, 비참함　• **miserable** 비참한
- **laugh** 웃음　• **scared** 무서워하는　• **serious** 심각한　• **hang** 늘어지다　• **towards** ~에 대한
- **warehouseman** 창고 관리인　• **become suspicious** 의심하게 되다　• **annexe** 부속 건물
- **nosy** 참견이 많은, 꼬치꼬치 캐묻는　• **persistent** 고집이 센　• **trustworthy** 믿을 수 있는

What was Sumin like at school?

Chapter **4**

과거에 대해 물어보기

▶ 주제
  1. 과거에 있었던 일에 대해 묻고 대답하기
  2. 두 가지를 비교해서 말하기

▶ 문법 포인트
  1. be동사의 과거형 넣어 말하기(평서문과 의문문)
  2. 형용사의 비교급

● 과거에 그랬다면:
   누구는 ~였어, (더) 어떠했어 / 무엇이 (더) 어땠었어
  ■ 주어 + was/were + ~er/more 형용사.
● 과거에 그랬었는지 물어볼 때:
   누구는 ~였었니?, (더) 어떠했었니? / 무엇이 (더)
   어땠었니?
  ■ Was/Were + 주어 + ~er/more 형용사?

What was Sumin like at school? 수민씨는 학창 시절에 어땠나요?

○ "What was Sumin like at school?" "~는 어땠나요?"

'What was 누구 like?, What were you like?'는 과거에, 옛날에 어떤 사람이었는지 성격이나 특성을 묻는 표현이에요. 여기서 'like'는 '좋아하다'는 말이 아니라, '~ 같은'이라는 뜻으로 쓰인 말이에요.

여러분은 초등 학교 때나 중학교 때 어떠셨나요? What were you like at school?

여러분은 어렸을 때 어떠셨어요? What were you like when you were young?

입이 열리는 영문법

▶ like

'like'는 '좋아하다'라는 뜻의 일반동사와, '~와 같은, ~와 같이'라는 뜻의 전치사, 이렇게 두 가지가 있어요. 'What + be동사 + 주어 + like?'에서 like는 '~와 같은'이라는 뜻으로 쓰인 전치사죠. 'What + be동사 + 주어 + like?'는 그 사람의 성격 등이 어떠냐, 혹은 과거에 어땠냐를 묻는 말이에요.

기억해줘!

하나, What was 누구 like? 누구는 어떤 사람이었니?	
상대방의 남자 친구가 어떤 사람이었는지를 물을 때?	What was *your ex-boyfriend* like?
둘, What's 누구 like? 누구는 어떤 사람이니?	
상대방의 직장 상사가 어떤 사람인지 물을 때?	What's *your boss* like?
셋, What were you like? 너는 성격이 어땠어?	
상대방이 학교 다닐 때 어떤 성격이었는지를 물을 때?	What were you like *at school*?

Was she smart?

똑똑했었나요?

○ "Was she smart?" "~했었나요?"

다른 어떤 사람이 과거에 그랬었는지 여부를 물을 때는 'Was 주어 ~?'라고 물
으면 돼요. 'smart'는 '똑똑하다'는 말이죠. 네 남동생이 똑똑했었느냐고 묻는다
면? 'Was your brother smart?'라고 하면 되고, 네 여동생이 똑똑했었느냐고 묻
는다면? 'Was your sister smart?'라고 하면 됩니다. 앞에 있는 상대방에게 옛날
에 똑똑했었는지를 물을 때는? 'Were you smart?'라고 하면 되구요.

아… 그런데, 상대방이 'Were you smart?'라고 물어보면, 사실이 그렇더라도
그렇다고 'Yes, I was.'라고 해야 할까요? 아니면 겸손하게 … 아니다, 'No, I
wasn't.'라고 해야 할까요? 고민되네요…^^

 입이 열리는 영문법

▶ be동사의 과거형

be동사는 현재 시제에서는 주어에 따라 'am, is, are' 세 개 중에서 하나를 쓰고, 과거 시
제에서는 주어가 I일 경우와 3인칭 단수일 때는 'was', 그 외의 주어일 때는 'were'를 씁
니다. be동사가 들어간 과거 시제 의문문은 'Was나 Were + 주어 ~?'의 순서입니다.

 기억해줘!

하나, Was + 누구 + 형용사? 누구는 어떠했었나요?	
서로 알고 있는 보라라는 아이가 뚱뚱했었는지를 물을 때?	Was *Bora* fat?
둘, Were + you + 형용사? 너는 어떠했었니?	
상대방이 과거의 어느 때 수줍음을 타는 사람이었는지를 물을 때?	Were you *shy at that time*?

She was smarter at that time.

그 애는 그 때 더 똑똑했었어요.

○ **"She was smarter at that time."** "더 ~한"

둘이 알고 있는 어떤 여자가 '지금보다 그 때 더 똑똑했었다'라는 말이에요. 'smart'는 '똑똑하다'는 말이고, 'smarter'는 '더 똑똑한'이라는 말이랍니다. 'I was smart.'는 '내가 (과거에, 옛날에) 똑똑했었다.'라는 말이고, 'I was smarter.'는 '내가 (과거에, 옛날에) 더 똑똑했었다.'라는 말이에요. 'at that time' 은 '그 때'라는 말로, 서로 알고 있는 과거의 어느 때를 가리키는 말이랍니다.

그런데 말이죠... 지금보다 옛날에 더 똑똑했다는 말은 지금으로서는 별로 좋은 말이 아니지 않나요?

입이 열리는 영문법

▶ 원급, 비교급, 최상급

형용사는 원급과 비교급, 최상급이 있는데요, 기본적인 형용사 원형은 원급이라고 하고, "더 어떠한"이라는 뜻을 나타내는 것이 비교급, "가장 어떠한"이라는 뜻을 나타내는 것이 최상급입니다. 이 중에서 형용사의 비교급은 단어에 따라 만드는 방법이 두 가지인데, 하나는 형용사 뒤에 r 혹은 er을 붙이는 방법이고 또 하나는 형용사 앞에 more라는 단어를 쓰는 거예요. 그리고 형용사 비교급 뒤에 than을 쓴 다음에 비교 대상을 쓰는데, 생략할 수도 있답니다. 'smart'는 '똑똑한', 'smarter'는 '더 똑똑한', 'nice'는 '좋은', 'nicer'는 '더 좋은', 'diligent'는 '부지런한', 'more diligent'는 '더 부지런한'이라는 뜻이에요.

기억해줘!

주어 + was/were + 형용사의 비교급. (과거에는, 전에는) 더 어떠했었다.	
내 여자 친구가 전에는 더 예뻤다면?	*My girlfriend* was *prettier.*
내가 지난 주에 더 바빴다면?	*I was busier last week.*

> ■ **I was pretty energetic and outgoing.**
>
> 　　　　　　　　　　저는 꽤 에너지가 넘치고 외향적이었어요.
>
> ■ **I'm more outgoing now.**　　　　저는 지금이 더 외향적입니다.

○ **"I was pretty energetic and outgoing."** "나는 ~였어."

'내가 에너지가 넘치고 외향적이었다.'는 말은 'I was energetic and outgoing.' 이라고만 해도 되지만, 에너지가 넘치고 외향적이라는 것을 '꽤, 보통은 넘게' 그러하다고 할 때 energetic and outgoing 앞에 'pretty'를 넣을 수 있습니다. **'pretty'의 뜻**은 '꽤, 보통은 넘게'라는 뜻이죠.

지금은 머리가 많이 나빠졌지만, 예전에는 꽤 똑똑했었는데...라는 아쉬움이 드시나요? 그러면, I was pretty smart.라고 하시면 됩니다^^

○ **"I'm more outgoing now."** "나는 더 ~해."

'I'm outgoing.'이라고 하면 '내가 외향적이다.'라는 말이고, **'I'm more outgoing.'이라고 하면 '나는 더 외향적이다.'라는 말**이에요. 남과 비교할 수도 있고, 스스로를 과거의 나와 비교할 수도 있는데요, 뒤에 'now'가 붙어 있으니까, '과거의 나보다 지금의 내가 더 외향적이다'라는 말이에요.

 입이 열리는 영문법

▶ more
　형용사 앞에 more를 쓰면 "더, 더욱 어떠한"이라는 뜻이 돼요. 'outgoing'은 '외향적인', 'more outgoing'은 '더 외향적인'이라는 뜻이죠.

 기억해줘!

더 어떠하다고 말할 때는 more를 떠올리세요.					
more 형용사	더 어떠한	intelligent	지적인	more intelligent	더욱 지적인
		beautiful	아름다운	more beautiful	더욱 아름다운
		difficult	어려운	more difficult	더욱 어려운

A: You're interested in Sumin, right?

수민이한테 관심이 있군요, 그렇죠?

B: Yes, I am.

네, 그래요.

○ **"You're interested in Sumin, right?"**

"~에게 관심이 있군요, 그렇죠?"

'be interested in ~'은 보통 운동이나 과목 등을 넣어서 그 운동이나 과목에 '관심, 흥미가 있다'라는 뜻으로 쓰이는데요, 사람에게 관심이 있다고 할 때도 이 표현을 씁니다. 내가 어떤 여자에게 관심이 있다면, 'I'm interested in her.' 라고 하면 되고, 어떤 남자에게 관심이 있다면, 'I'm interested in him.'이라고 하면 되죠. 물론, her나 him 대신에 사람의 이름을 넣어서 말해도 되구요.

예? 태연에게 관심이 있으시다구요? Oh, you're interested in 태연? 가수 태연일까... 영어강사 태연일까...^^ 아리송...

▶ **줄임말**

You are는 줄여서 You're라고 할 수 있어요. I am은 I'm으로, She is는 She's로, He is는 He's로, They are는 They're로, We are는 We're로 줄여 쓸 수 있어요. 의미를 강조할 때를 제외하고는 대부분 말할 때 이런 줄임말의 형태로 씁니다.

be interested in ~ ~에 관심이 있다, 흥미가 있다	
I'm interested in Woojin these days.	요즘 우진이라는 사람에게 관심이 간다.
I was interested in Biology at school.	학교 때 생물학에 관심이 있었다.

Nice talking to you!

얘기하게 되어 반가웠어요!

○ **"Nice talking to you!"** "~하게 되어 반가웠어요."

직접 만나서 얘기를 했던지, 전화상으로 통화를 하고 나서, **'얘기나 통화가 즐거웠다, 반가웠다'라고 할 때 'Nice talking to you!'**라고 합니다. 상대방 역시 그렇다고 할 때는 'You, too.'라고 하구요. 여기서 주의하실 것! 'Me, too.'가 아니라 'You, too.'입니다. '당신과 얘기한 것이 나도 즐거웠다.' 'Nice talking to you, too.'에서 뒷 부분의 'You, too.'만 말한 거예요.

 입이 열리는 영문법

▶ 생략

영어에서는 여러 가지의 생략이 가능한 데요, Nice talking to you. 앞에는 원래 It's가 있는 거였는데 It's를 생략하고 쓴 거죠. Glad to meet you.도 역시 I'm glad to meet you.에서 I'm을 생략한 거랍니다.

 **기억해줘!**

A: Nice talking to you.	얘기하게 되어 반가웠어요.
B: You, too.	저두요.

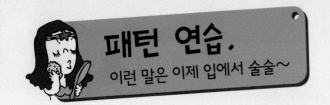
1

What were you like at school **?**

a. when you were young

b. at that time

c. at the company

at school: 학창 시절
에

at that time: 그 때
company: 회사

2

Was she smart **?**

a. fat

b. shy

c. pretty

fat: 뚱뚱한
shy: 부끄럼타는
pretty: 예쁜

3

She was smarter **at that time.**

a. busier

b. happier

c. sadder

busier: busy(바쁜)의
비교급
happier: happy(행복
한)의 비교급
sadder: sad(슬픈)의
비교급

4

You're interested in Sumin **, right?**

a. tennis

b. English

c. computers

tennis: 테니스
English: 영어
computer: 컴퓨터

1. 그는 학창 시절에 어떤 사람이었어? (like, at school)

_____

2. 너는 부지런했니? (diligent)

_____

3. 그는 키가 컸니? (tall)

_____

4. 그녀는 그 때 더 예뻤어. (prettier, at that time)

_____

5. 그는 꽤 살이 쪘어. (quite, fat)

_____

6. 너는 더 상냥하지 않았었어? (friendlier)

_____

7. 너는 축구에 관심이 있지, 맞지? (football, right)

_____

Words
- **was** be동사 is의 과거형 • **like** ~같은, ~처럼 • **diligent** 부지런한 • **tall** 키가 큰
- **prettier** pretty(예쁜)의 비교급 • **at that time** 그 때, 그 때는 • **quite** 꽤, 상당히 • **fat** 살이 찐
- **friendlier** friendly(상냥한)의 비교급 • **football** 축구 • **right** 맞는, 옳은

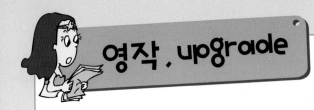

1   I was ~er.

1. 저는 더 바빴어요. (busy)

_____

2. 저는 더 작았어요. (short)

_____

3. 저는 더 뚱뚱했어요. (fat)

_____

4. 저는 더 예뻤어요. (pretty)

_____

5. 저는 수줍음이 더 많았어요. (shy)

_____

2   I was more ~.

6. 저는 더 지적이었어요. (intelligent)

_____

7. 저는 더 외향적이었어요. (outgoing)

_____

8. 저는 더 부지런했어요. (diligent)

_____

9. 저는 더 열정이 많았어요. (passionate)

_____

10. 저는 더 독립적이었어요. (independent)

_____

3 Were you ~er?

11. 더 바쁘셨어요? (busy)

_____

12. 더 똑똑하셨어요? (smart)

_____

13. 더 예쁘셨어요? (pretty)

_____

14. 더 뚱뚱하셨어요? (fat)

_____

15. 더 수줍음이 많으셨어요? (shy)

_____

Try it ~ 대화 영작

A: 이게 너니, 미나야? (it)

1. _____

B: 응, 그게 나야. 그 땐 더 뚱뚱했지. (fat, at that time)

2. _____

A: 어머, 더 예뻤네. (pretty)

3. _____

B: 고마워. 하지만 더 작았지. (short)

4. _____

A: 이 사진에서 너 행복해 보인다. (look, happy, picture)

5. _____

B: 그 때가 더 행복했어. (at that time)

6. _____

What was Sumin like at school? Was she smart?

 Yes. Actually she was smarter at that time. How about you?

 Me? I was pretty energetic and outgoing. I'm more outgoing now.

 That sounds good. Sumin likes outgoing guys.

 Really? Thank you for telling me that.

 Oh, you're interested in Sumin, right?

 Yes, I am. Nice talking to you!

민준: 수민씨는 학교 다닐 때 어땠나요? 똑똑했어요?

수민 어머니: 그럼요. 사실 그 때 더 똑똑했었죠. 그쪽은 어떠세요?

민준: 저요? 저는 꽤 에너지가 넘치고 외향적이었어요. 지금은 더 외향적이구요.

수민 어머니: 그거 잘 됐네요. 수민이가 외향적인 남자애들을 좋아하거든요.

민준: 정말요? 그 말씀을 해주셔서 감사합니다.

수민 어머니: 아, 수민이한테 관심이 있군요, 그렇죠?

민준: 네, 그렇습니다. 통화하게 되어 반가웠습니다!

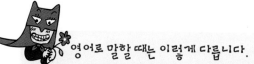

영어로 말할 때는 이렇게 다릅니다.

상대방이 한 말에 나도 그렇다고 맞장구칠 때 하는 말이 'Me, too.'죠? 그런데, 무조건 'Me, too.'라고 하는게 다 맞는 것은 아니랍니다. 예를 들어, 상대방이 만나서 반가웠다고 'Nice meeting you.'라고 하면 '나도 반가웠다.'라는 의미로 뭐라고 응대하는 게 맞을까요? Me, too? 또는 You, too? 정답은 'You, too.'랍니다. 'Nice meeting you, too.'에서 뒷 부분, 'You, too.'라고 하는 거예요. 즉, "당신을" 만났던 것도 반가웠다 라는 의미죠. 'Nice talking to you.'라는 말에도 역시 'You, too.'라고 하는 게 맞구요.
이제는 상황에 따라 Me, too.와 You, too.를 구별해서 대답하세요~~

Jane Eyre (제인 에어)

My heart really warmed to the elegant lady as I heard her talk; and I brought my chair a little closer to hear. I expressed my honest wish that she may enjoy my company as much as she anticipated.

"I won't keep you sitting up late tonight," she said; "it is twelve now, and you have been traveling all day, you must be tired. If your feet are warm, I'll show you your bedroom. I have the room next to mine ready for you; it is a small apartment but I thought you would like it better than the larger rooms. They have nicer furniture but they are also lifeless and lonely, I never sleep in them myself."

I thanked her for her considerate choice. Since I felt really tired after my long journey, I showed her my readiness to go to sleep. She took her candle, and I followed her from the room.

이렇게 끊어 읽으면 쉬워요!

My heart / really warmed / to the elegant lady / as I heard her talk; / and /
　　내 심장은　　정말 따뜻해졌다　　우아한 부인에게　　그녀의 말을 듣고 있으니　그리고

I brought my chair a little closer / to hear. / I expressed my honest wish / that she may enjoy /
　난 의자를 가까이 당겼다　　들으려고　　나는 내 진실한 바램을 표현했다　　그녀가 즐기기를

my company / as much as she anticipated. / "I won't keep you / sitting up late / tonight," /
나와 함께 있는 것을　그녀가 바라는 것 만큼　　저는 잡아두지 않겠어요　늦게까지　오늘 밤에

she said; / "it is twelve now, / and / you have been traveling / all day, / you must be tired. /
그녀가 말했다　지금 12시예요　그리고　　당신은 여행을 했어요　하루 종일　당신은 피곤할거에요

If / your feet are warm, / I'll show you your bedroom. / I have the room / next to mine /
만약　당신의 발이 따뜻하다면　　당신에게 침실을 보여줄게요　나는 방을 마련했어요　내 방 옆에

ready for you; / it is a small apartment / but / I thought / you would like it better /
　당신을 위해서　　작은 방이예요　하지만　난 생각해요　당신이 더 좋아할 거라고

than the larger rooms. / They have nicer furniture / but / they are also / lifeless and lonely, /
　더 큰 방들보다　　큰 방에는 더 좋은 가구가 있다　하지만　그것들 또한　음침하고 쓸쓸해요

I never sleep in them / myself." / I thanked her / for her considerate choice. / Since /
나는 절대로 그런 데서 자지 않아요 저 스스로도　나는 그녀에게 감사했다　섬세하게 골라준 데 대해서　이렇기 때문에

I felt really tired / after my long journey, / I showed her my readiness / to go to sleep. /
난 정말 피곤했다　오랜 여행을 하고 나서　나는 준비되었음을 알렸다　잠을 잘

She took her candle, / and / I followed her from the room.
　그녀는 촛불을 들었다　그리고　나는 그녀의 뒤를 따랐다

해석

　　그녀가 말을 하는 것을 듣고 있으니 이 우아한 부인에 대해서 참으로 따뜻한 마음이 들었다. 그리고 나는 그녀의 말을 들으려고 의자를 가까이 당겨 앉았다. 나는 부인이 기대하시는 것만큼 나와의 생활이 즐거운 것이 되도록 노력하겠다는 나의 진심을 표현했다.

　　"오늘 밤은 늦게까지 붙잡아 두지 않겠어요." 그녀가 말했다. "지금이 12시군요, 하루 종일 여행을 하셔서 피곤하시겠어요. 발이 녹으셨으면 침실로 안내해드리지요. 제 방 옆에 선생님의 방을 마련해 두었어요. 작은 방이긴 하지만 다른 큰 방들보다는 훨씬 더 마음에 들어 하실 것 같아요. 큰 방에는 가구들도 좋긴 하지만 음침하고 쓸쓸해서 저도 거기서는 잠을 들 수가 없답니다."

　　나는 그녀의 정성 어린 배려에 감사한 마음이었다. 긴 여행에 너무나도 피곤해서 나는 자고 싶다는 마음을 표현했다. 그녀는 촛불을 들었고, 나는 그녀를 뒤따랐다.

Words

- **heart** 심장, 마음 ● **warm** 따뜻해지다 ● **elegant** 우아한 ● **express** 표현하다
- **honest wish** 진실한 소원, 바람 ● **company** 함께 있음 ● **anticipate** 바라다, 소망하다, 기원하다
- **apartment** 아파트, 방 ● **furniture** 가구 ● **lifeless** 생명력이 없는, 음침한 ● **lonely** 외로운, 쓸쓸한
- **considerate** 섬세한, 배려심이 있는 ● **readiness** 준비되어 있음 ● **candle** 양초 ● **follow** 따라가다

Chapter 5

컴퓨터와 관련된 문제 해결하기

▶ **주제**

과거에 있었던 일에 대해서 묻고 대답하기

▶ **문법 포인트**

1. 일반동사의 과거형 익히기
2. 일반동사가 있는 과거 의문문 만들기

● **그냥 말할 때:**

누가 ∼했다 무엇을 / 무엇이 ∼했다 무엇을

■ 주어 + 동사의 과거형 + 목적어.

● **물어볼 때:**

누가 ∼했니 무엇을? / 무엇이 ∼했니 무엇을?

■ Did + 주어 + 동사원형 + 목적어?

A: Did you save it? 그것 저장했어요?

B: No, I lost everything. 아뇨, 다 잃어버렸어요.

○ **"Did you save it?"** "~했나요?"

상대방이 어떤 것을 했는지 물어볼 때는 **'Did you ~?'**라고 물어보세요.

'save'는 '저장하다'라는 뜻이고, 'it'은 '그것'이라는 뜻인데 내용상 컴퓨터로 작업한 내용을 저장했는지를 묻는 거죠. 오랜 시간 힘들게 작업한 내용을 저장하는 것을 깜박해서 날려버린다면 기분이 어떨까요? Wait a minute! 방금 작업한 내용… Did you save it? 저장하셨나요?

○ **"I lost everything."** "~했어요."

'lost'는 '잃어버렸다'라는 뜻이고, 'everything'은 '모든 것'을. 그러니까, 내가 모든 것을 다 잃어버렸다라는 말이에요. 눈에 보이는 어떤 것을 잃어버렸을 때 'lose' '잃어버리다', 혹은 'lost' '잃어버렸다'라는 말을 떠올리세요.

입이 열리는 영문법

▶ **일반동사의 과거 의문문**

일반동사를 넣어서 과거에 어떤 일을 했는지 여부를 묻는 과거 의문문은 'Did + 주어 + 동사원형 ~?'의 순서예요. 현재 시제에서는 주어가 3인칭 단수인지 여부에 따라 달라지는 게 있지만, 과거 시제에서는 어떤 주어든 다 'Did + 주어 + 동사원형 ~?'의 순서로 말하면 되니까 더 쉽다고 생각할 수도 있죠?

▶ **일반동사의 불규칙 과거형**

'~했다'라고 말할 때는 동사의 과거형을 써야 하는데요, 동사에 따라 동사 뒤에 d나 ed를 붙이는 것도 있고, 과거형이 아예 다른 것도 있습니다. 'lose'는 '잃어버리다'라는 뜻인데 '잃어버렸다'라는 뜻의 과거형은 'lost'로 완전히 다른 단어죠. 'buy' '사다' 'bought' '샀다', 'go' '가다' 'went' '갔다', 'swim' '수영하다' 'swam' '수영했다'와 같이 말이죠.

기억해줘!

어떤 것을 했었는지 물을 때는 Did you로 시작하세요.			
Did you	turn off the computer		컴퓨터 껐어?
	surf the Internet	?	인터넷 서핑했어?
	send an e-mail to her		그녀에게 이메일 보냈어?

A: Why didn't you save it?   왜 저장을 안 했어요?

B: What should I do?   어떻게 하죠?

○ **"Why didn't you save it?"** "왜 ~하지 않았나요?"

상대방에게 왜 무엇을 하지 않았느냐고 물어볼 때는 'Why didn't you ~?'라 고 말해보세요. 그랬어야 했는데 왜 안했느냐고 꾸지람하듯이 말할 때는 끝을 내려서 말합니다.

이렇게 영어가 잘 되는 책을 왜 진작 사지 않았어? 라고 말해볼까요? Why didn't you buy this book earlier? It's really good! 여러분, 지금 이런 기분 드시는 거 맞죠?

 입이 열리는 영문법

▶ 의문사

일반동사가 있는 과거 의문문은 'Did + 주어 + 동사원형 ~?' 또는 'Didn't + 주어 + 동사원형 ~?'의 순서로 쓰는데요, 의문사를 넣으려면 의문사를 맨 앞에 쓰면 돼요. '의문사 + did + 주어 + 동사원형 ~?' 또는 '의문사 + didn't + 주어 + 동사원형 ~?'과 같이 말이죠. '너 그것을 저장 안 했니?'라고 물어볼 때는 'Didn't you save it?'이라고 하면 되고, 여기에 "왜" why를 넣으려면, 이 문장 앞에 why를 넣어서 'Why didn't you save it?'이라고 하면 되는 겁니다.

○ **"What should I do?"** "어떻게 하죠?"

어떻게 해야할 지 모를 때, 혼잣말로 하기도 하고, 상대방에게 정말 어떻게 해야 하는지 물어볼 때도 쓰는 말입니다.

여자 친구나 남자 친구의 생일을 깜박하고 넘어가서 무지하게 화가 났다면, 아… 어떻게 하지? 이렇게 말해보세요. What should I do?

 기억해줘!

왜 ~하지 않았는지를 물을 때는 Why didn't you ~?를 떠올리세요.		
Why didn't you	call me	?	왜 나한테 전화 안 했어?
	buy that		왜 그거 안 샀어?

It was more important than anything else.

그것은 어떤 것보다도 더 중요한 거였거든요.

○ "It was more important than anything else." "~이 더 …했다."

'무엇이 어떠했다'라고 말할 때, **'It was'**로 시작합니다. 'important'는 '중요한'이라는 뜻인데 앞에 more를 붙여서 **'more important'**라고 하면 '더 중요한'이라는 말이 되죠. 그리고 뒤에 'than'을 이어붙이면, '~보다 더'라는 말이 돼요. 'than anything else'는 '다른 어떤 것보다도 더'라는 뜻이죠. 그러니까 'It was more important than anything else.'는 '그것이 다른 어떤 것보다도 더 중요했다.'라는 말이 됩니다.

아니… 여자 친구가 생기더니 우리들은 이제 안중에도 없는 건가? 여자 친구 바쁘다고 차로 데려다주는 게 우리 만나는 것보다 그렇게 중요한 일이었어? 'Was it more important than meeting us?'라는 말에 대꾸해 보세요. 'Of course! It was more important than anything else.'라구요. 여자 친구한테 짤리면 안되니까요… ㅠㅠ

입이 열리는 영문법

▶ more + 형용사 + than anything else

'more 형용사 than anything else'는 '다른 어떤 것보다 더 ~하다'라는 말이니까 즉, '가장 어떠하다'라는 의미입니다. 어떤 것과 비교해도 이것이 더 어떠하다면 이것이 가장 그렇다는 말이니까요. 다른 어떤 사람들보다도 더 어떠하다고 사람과 사람을 비교하는 문장에서는 'more + 형용사 + than anyone else'라고 하면 됩니다. 사랑하는 아름다운 여자 친구나 아내에게 이렇게 말하면 좋겠죠. 'You're more beautiful than anyone else.'라구요.

기억해줘!

둘 중에서 어느 하나가 더 어떠하다면 more ~ than…을 떠올리세요.
어느 다른 것보다도 더 어떠하다고 할 때는 more ~ than anything else를 떠올리시구요.

This is **more expensive than** that.	이게 저것보다 더 비싸네.
Sumi is **more intelligent than** Mina.	수미가 미나보다 더 지적이야.
This one is **more convenient than anything else**.	이게 다른 어떤 것 보다도 더 편리하거든.

Let me check it.

제가 확인해 볼게요.

○ "Let me check it." "내가 ~하겠다."

'내가 어떻게 하겠다'라는 말을 **'Let me ~'**라고 하면 상당히 공손하고 상대방을 **배려하는** 말이 돼요. 'check'는 '확인하다', 'it'은 '그것'이라는 뜻이니까, 'Let me check it.'은 '내가 그것을 확인해보겠다.'라는 말이 되죠.

종종 막히는 하수구, 싱크대... 대체 뭐가 들어있어서 물이 안내려가는 걸까... 이럴 때 말해보세요~~ Let me check it. 내가 확인해 볼게.

 입이 열리는 영문법

▶ 사역동사

'Let me check it'.에서 'let'은 사역동사라는 거예요. 사역동사로는 'have' '시키다', 'make' '시키다', 'let' '허락하다, 그렇게 하게 해주다'가 있는데요, 사역동사 뒤에는 목적어를 쓰고 그 다음에 목적보어로서 동사의 원형을 쓴다는 것을 기억해야 합니다. 간단하게는 '제가 ~할게요'라고 말할 때는 'Let me + 동사원형'이라고 한다고 기억해 두시면 좋겠습니다.

 기억해줘!

내가 어떤 것을 하게 해달라고 말할 때는 Let me ~를 떠올리세요.		
Let me	call you.	내가 전화할게.
	pay for it.	내가 돈 낼게.

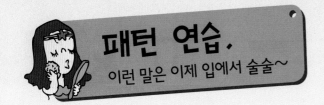

1 **Did you** save it ?

    a. turn off the computer

    b. surf the Internet

    c. send an e-mail to her

> **turn off:** 끄다
> **surf:** 검색하다
> **send:** 보내다

2 **Why didn't you** save it ?

    a. call me

    b. buy that

    c. study

> **call:** 전화하다
> **buy:** 사다
> **study:** 공부하다

3 **It was more** important **than anything else.**

    a. expensive

    b. convenient

    c. difficult

> **else:** 다른
> **expensive:** 비싼
> **convenient:** 편리한
> **difficult:** 어려운

4 **Let me** check it .

    a. save it

    b. call you

    c. pay for it

> **check:** 확인하다
> **save:** 저장하다
> **pay:** 지불하다

1. 너 숙제 했어? (homework)

_____

2. 내 지갑을 잃어버렸어. (purse)

_____

3. 그녀는 감기에 걸렸어. (catch a cold)

_____

4. 왜 학교에 가지 않았니? (school)

_____

5. 우리 어떻게 하지? (should)

_____

6. 그것은 어떤 것보다도 비싼 것이었는데. (expensive)

_____

7. 내가 너를 도와줄게. (help)

_____

Words
- **do one's homework** 숙제하다 • **purse** 지갑 • **catch a cold** 감기 걸리다
- **caught** catch의 과거형 • **go to school** 학교 가다 • **expensive** 비싼 • **help** 도와주다

1 주어 + 동사의 과거형 ~.

1. 제 파일을 잃어버렸어요. (file)

_____

2. 제 여동생이 제 자전거를 망가뜨렸어요. (broke, bicycle)

_____

3. 제가 그 아이들을 도와줬어요. (children)

_____

4. 저 감기에 걸렸어요. (caught a cold)

_____

5. 저 동료랑 싸웠어요. (fight, colleague)

_____

2 Did + 주어 + 동사원형 ~?

6. 그 제안을 거절하셨어요? (reject, proposal)

_____

7. 그 사고를 댁이 유발하신거예요? (cause, accident)

_____

8. 어제 저한테 전화하셨어요? (yesterday)

_____

9. 일정을 확인하셨어요? (check, schedule)

_____

10. 미나의 생일 파티에 갔었니? (birthday party)

_____

3   Why didn't you + 동사원형?

11. 왜 저한테 도움을 청하지 않으셨어요? (ask me for help)

_____

12. 왜 환불받지 않으셨어요? (get a refund)

_____

13. 왜 그 자리에 지원하지 않으셨어요? (apply for the position)

_____

14. 왜 너 숙제 안 했니? (do one's homework)

_____

15. 왜 그 기차를 안 타셨어요? (take, train)

_____

Try it ~ 대화 영작

A: 김 선생님의 집들이에 가셨었나요? (housewarming party)

  1. _____

B: 아니오, 감기에 걸려서 집에 있었어요. (caught a cold, stay)

  2. _____

A: 왜 저한테 전화를 안 하셨어요? (call)

  3. _____

B: 휴대폰을 잃어버렸어요. (lost, cell phone)

  4. _____

A: 새 휴대폰을 사셨나요? (buy)

  5. _____

B: 아니오, 아직요. (yet)

  6. _____

Oh, my! Where is my file?

 Did you save it?

 No, I lost everything. Did you turn off the computer?

 No, I didn't. Why didn't you save it?

 What should I do? It was more important than anything else.

 Let me check it.

수민: 어머, 이런! 내 파일 어디 갔지?

민준: 저장했어요?

수민: 아니요, 다 잃어버렸어요. 컴퓨터를 끄셨어요?

민준: 아니요, 안 껐는데요. 왜 저장을 안 했어요?

수민: 어떻게 하죠? 어떤 것보다도 중요한 거였거든요.

민준: 제가 확인해볼게요.

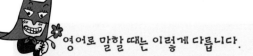

기껏 오랜 시간 동안 작업한 파일을 날려버렸거나... 중요한 약속을 깜박 잊고 상대방을 바람맞혔다거나 할 때 "어머, 어떻게 하지?"라는 말을 하잖아요? 이 말을 영어로 할 때 자칫, how를 먼저 떠올리기가 쉽습니다. how가 바로, '어떻게, 어떤'이라는 뜻이니까요. 그런데, 영어로 "나 어떻게 하지?"라고 말할 때는 'What should I do?, What am I supposed to do?'와 같이 What을 넣어서 말하는 것을 기억하세요.

The Last Leaf (마지막 잎새)

In November a cold, unseen stranger, whom the doctors called Pneumonia, went through the colony, touching people with his icy fingers. Over the east side, Pneumonia walked strongly, infecting his victims by large numbers, but his feet moved slowly through the narrow streets.

Mr. Pneumonia was not a heroic old gentleman. A small fragile woman who had come from California was hardly fair game for the disease-carrying man. He attacked hard, and she lay, barely moving, on her bed looking through the small Dutch windowpanes at the blank side of the next brick house.

One morning the busy doctor invited Sue into the hallway with bushy, gray eyebrows.

"She has one chance in — let us say ten," he said, as he shook down the red mercury in his thermometer. "And that chance is for her to want to live."

이렇게 끊어 읽으면 쉬워요!

In November / a cold, / unseen / stranger, / whom the doctors called Pneumonia, /
11월이 되자　냉혹하고　보이지 않는　이방인이　의사들이 폐렴이라고 부르는

went through the colony, / touching people / with his icy fingers. / Over the east side, /
지역을 휩쓸었다　사람들을 건드리면서　얼음같이 찬 손가락으로　동쪽 지역을 걸쳐

Pneumonia / walked strongly, / infecting his victims / by large numbers, / but /
폐렴이　활보했다　희생자들을 전염시키면서　많은 숫자의　하지만

his feet moved slowly / through the narrow streets. / Mr. Pneumonia /
그의 발걸음은 천천히 옮겨갔다　좁은 거리들을 통해　폐렴이라는 놈은

was not a heroic old gentleman. / A small fragile woman / who had come from California /
영웅적인 노신사가 아니었다　작고 야윈 여자가　캘리포니아에서 온

was hardly fair game / for the disease-carrying man. / He attacked hard, / and / she lay, /
경쟁 상대가 되지 않았다　병을 옮기는 이 놈에겐　그는 거칠게 공격했다　그리고　그녀는 누워있다

barely moving, / on her bed / looking through the small Dutch windowpanes / at the blank side /
움직이지도 못한 채　침대에　작은 네덜란드풍의 창문을 통해　빈 벽을

of the next brick house. / One morning / the busy doctor / invited Sue / into the hallway /
옆 집의 벽돌로 만든 집의　어느 날 아침　바쁜 의사가　수를 불러냈다　복도로

with bushy, gray eyebrows. / "She has one chance in – / let us say ten," / he said, / as /
덥수룩한 회색의 눈썹을 찌푸리며　아가씨는 살 수 있는 기회가 이 정도입니다 10퍼센트쯤이라고 할까요　그가 말했다　이렇게 하면서

he shook down / the red mercury / in his thermometer. / "And / that chance / is for her /
흔들어 내리면서　빨간 수은을　체온계의　그리고　그 가능성도　그녀가

to want to live."
살기를 원한다면요

해석

11월이 되자 의사들이 폐렴이라고 부르는, 냉혹하고 눈에 보이지 않는 이방인이 찾아와서 얼음같이 싸늘한 손가락을 사람들에게 갖다 대었다. 폐렴은, 동쪽 지역을 활보하면서 수많은 사람들의 희생자를 내고, 좁은 길거리를 어슬렁거리며 돌아다녔다.

이 폐렴이라는 놈은 영웅스러운 노신사라고 할 수는 없었다. 캘리포니아에서 온 작고 연약한 소녀가 이 질병을 옮기는 놈과 싸워 이길 수는 없었다. 놈은 격렬하게 덤벼들었고 소녀는 침대에 누워 거의 움직이지도 못한 채 네덜란드 풍의 조그만 창 너머로 보이는 벽돌로 된 이웃집 건물벽을 바라보고 있었다.

어느 날 아침, 바쁜 의사가 덥수룩한 회색의 눈썹을 찌푸리며 수를 복도로 불러내었다.

"아가씨는 나을 가망이 말입니다…뭐 10퍼센트 정도라고 할까요."라고 체온계의 빨간 수은을 흔들어 내리며 말했다. "그리고 그 가능성도 아가씨가 살겠다는 희망이 있을 때 그렇다는 거구요."

Words

- **pneumonia** 폐렴 • **colony** 집단 거주지, 식민지 • **icy** 얼음같이 찬 • **infect** 전염시키다
- **victim** 희생자, 피해자 • **by large numbers** 많은 숫자를 • **narrow** 좁은 • **heroic** 영웅적인
- **fragile** 허약한, 부서지기 쉬운 • **fair game** 공정한 게임 • **disease-carrying** 병을 옮기는
- **barely** 거의 ~하지 않는 • **windowpane** 창유리 • **hallway** 복도 • **bushy** 숱이 많은, 무성한 • **gray** 회색의
- **attack hard** 심하게 공격하다 • **chance** 기회, 가능성 • **mercury** 수은 • **thermometer** 온도계, 체온계

PART II

Build Up_단련

미래에 대한 희망사항 말하기

▶ **주제**
  취미나 미래에 대한 계획 등에 대한 대화 나누기

▶ **문법 포인트**
  동명사나 to부정사를 목적어로 하여 말하기

● **그냥 말할 때:**
  누가 ~한다 ~하는 것을(동명사나 to부정사를
  목적어로 쓰기)
  ■ 주어 + 동사 + 동명사나 to부정사.

● **물어볼 때:**
  누가 ~하니 ~하는 것을(동명사나 to부정사를
  목적어로 쓰기)?
  ■ Do/Does + 주어 + 동사원형 + 동명사나 to
    부정사?

What do you want to do in the future?

앞으로 뭘 하고 싶어요?

○ **"What do you want to do in the future?"** "~하고 싶나요?"

뭐가 하고 싶은지 물어볼 때 **'What do you want to do?'**라고 하면 되고, 뒤에는 다양한 말을 연결할 수 있습니다. 'in the future'는 '앞으로, 나중에, 미래에, 장차'라는 말이에요. 이 말 대신에 'after you graduate' '졸업한 후에'를 넣어서 'What do you want to do after you graduate?'라고 하면 졸업 후에 뭘 할건지 묻는 말이 되죠. 좀 바꿔서, '학교를 졸업한 후에' 'after you graduate school', '대학교를 졸업한 후에' 'after you graduate university'와 같이 말할 수도 있겠죠.

여러분은 뭘 하고 싶으신가요? What do you want to do in the future?

입이 열리는 영문법

▶ to부정사

동사원형 앞에 to를 붙인 'to do'와 같은 것을 "to부정사"라고 하는데요, to부정사는 'to + 동사원형'의 형태로, 문장 안에서 명사나 형용사, 부사의 역할을 할 수 있는 것이에요. 동사원형 앞에 to 하나만 붙여서 이렇게 다양한 역할을 할 수 있게 써먹을 수 있다니 참 유용하죠? to부정사는 "~하기, ~하는 것"이라고 해석되는데요, 예를 들어, 'do'는 '하다' 'to do'는 '하는 것, 하기', 'go'는 '가다' 'to go'는 '가는 것, 가기', 'have'는 '갖다, 먹다' 'to have'는 '갖기, 갖는 것, 먹기, 먹는 것'이라는 뜻이 되는거죠.

'What do you want?'라는 문장에 "하기를"이라는 말을 넣고 싶을 때 'What do you want do?'라고 하면 틀린 문장인데요, '너는 무엇을 하다 원하니?'라는 말이 되는 셈이거든요. 올바른 문장은 do 앞에 to를 붙인 'What do you want to do?'이고, 이렇게 말해야 '너는 무엇을 "하기"를 원하니?'라는 말이 되는 겁니다.

기억해줘!

하고 싶은 것을 물어볼 때는 What do you want to ~?를 떠올리세요.			
	buy		넌 어떤 걸 사고 싶어?
What do you want to	read	?	넌 뭘 읽고 싶어?
	eat		넌 뭘 먹고 싶은데?

A: What sort of work? 어떤 종류의 일이요?

B: I want to work in the travel industry. 난 여행업계에서 일하고
싶어요.

○ "What sort of work?" "어떤 종류의 일이요?"

'sort'는 '종류'라는 뜻으로 **'What sort of ~?'**는 **'어떤 종류의 ~'**가 됩니다.
sort 대신에 kind를 써서 'What kind of ~?'라고 해도 같은 뜻이에요.

여기서 'work'는 명사로 '일, 일자리, 직업'이라는 뜻으로 쓰였어요. 'work'는
'일하다'라는 뜻의 동사로도 쓰이고, 이렇게 일이나 직업이라는 뜻의 명사로도
쓰이죠.

뭔가 전문적인 일을 하고 싶으시다구요? 구체적으로 생각해 보세요. What sort
of work?

○ "I want to work in the travel industry." "~하고 싶다."

'어느 분야에서 일하고 싶다'라는 말은 **'I want to work in ~ industry.'**라고 하
시면 돼요. '어떤 직종에서 일하다'라고 할 때 'work in + 어디'라고 씁니다. 즉
'work in' 다음에 구체적인 직종을 쓰면 되지요. 'the travel industry'는 '여행
업계, 여행 관련 분야'라는 뜻이니까, 'work in the travel industry'는 '여행업계
에서 일하다'라는 말이 되죠.

하나, 어떤 종류의 무엇에 대해 질문할 때는 **What sort of ~?**를 기억하세요.		
What sort of	food	?	어떤 종류의 음식?
	movies		어떤 종류의 영화?
둘, 내가 하고 싶은 것을 표현할 때는 **I want to ~.**를 떠올리세요.		
I want to	eat something.		나 뭐 좀 먹고 싶어.
	buy this dress.		나 이 옷을 사고 싶어요.
	speak English fluently.		영어 좀 유창하게 할 수 있으면 좋겠어.

I like working with people.

난 사람들과 함께 일하는 것을 좋아해요.

○ **"I like working with people."** "~을 좋아한다."

내가 어떤 것을 좋아한다고 할 때는 'I like + 좋아하는 대상, 즉, 사람이나 물건을 나타내는 명사'를 쓰면 되구요. 내가 뭐뭐 하는 것을 좋아한다고 할 때는 'I like + 다음에 동사에 ~ing를 붙인 형태나 to부정사'를 쓰면 됩니다. 그러니까, 내가 일하는 것을 좋아한다는 말은 'I like working.'이라고 해도 되고, 'I like to work.'이라고 해도 되죠.

'with'는 '~와 함께, ~와 같이'라는 뜻이에요. 'with people'은 혼자서가 아니라 '사람들과 함께, 사람들과 같이'라는 뜻이죠. Which do you prefer, working with people or alone? 사람들과 함께 일하는 것과, 혼자서 일하는 것 중 어떤 것이 더 좋으세요?

입이 열리는 영문법

▶ **동명사와 to부정사**
동사는 원래 문장 안에서 서술어의 역할만 할 수 있는데, 동사가 다른 역할을 할 수 있게 만드는 방법 두 가지가 바로 동명사와 to부정사랍니다. 동명사는 동사원형에 ~ing를 붙인 것으로, 문장 안에서 명사의 역할을 하는 것이고, to부정사는 동사원형 앞에 to를 붙인 것으로, 문장 안에서 명사, 형용사, 부사의 역할을 할 수 있어요. 'like'는 '좋아하다'인데 '어떤 것을 하는 것을 좋아하다'라고 말할 때는 뒤에 동명사나 to부정사를 연결하면 됩니다. 'I like working ~' 혹은 'I like to work ~'와 같이 말이죠.

기억해줘!

	'~하는 것을 좋아한다'고 말할 때는 like ~ing를 기억하세요.	
I like	listening to music.	나는 음악 듣는 걸 좋아해.
	walking my dog.	나는 내 강아지 산책시키는 걸 좋아해.
	traveling alone.	나는 혼자 여행하는 것을 좋아해.

A: How about you?

당신은 어때요?

B: I decided to be a professional fashion designer.

저는 전문적인 패션 디자이너가 되기로 결심했어요.

○ **"How about you?"** "너는 어때?"

'**How about you?**'는 '**너는 어때?**'라는 뜻으로 어떤 상황에서나 '나는 이런데 너는 어때?, 나는 뭐 먹을건데 너는?'과 같이 말할 때 쓸 수 있어요. How 대신에 What을 써서 'What about you?'라고 해도 됩니다.

○ **"I decided to be a professional fashion designer."**
"~하기로 결정했다."

'**decided to**'는 '**~하기로 결정했다, 마음을 먹었다**'라는 말입니다. '무엇이 되기로 결정했다'라는 말은 이 문장에서처럼 'decided to' 다음에 'be + 무엇' 식으로 연결해서 'decided to be a 무엇'이라고 하면 되는 거죠.

'어떤 곳에서 일하고 싶다'는 말을 하고 싶으면 'work for ~'를 넣으면 되는데요, 'work for'는 '~에서 일하다'라는 뜻으로 for 다음에 회사 이름을 쓰면 돼요. 예를 들어 'work for an airline company'가 '항공사에서 일하다'라는 말이니까, 'I decided to work for an airline company.'라고 하면, '나는 항공사에서 일하기로 결정했다, 마음을 먹었다'라는 뜻이죠.

 **기억해줘!**

	하나, '누구는 어때?'라고 묻고 싶을 땐 'How about ~?'를 기억하세요.		
How about	your mother	?	어머님은 어떠셔?
	your boyfriend		남자 친구는 어때?
	둘, '어떤 것을 하기로 결심했다'는 말은 'I decided to ~.'를 넣어 말해보세요.		
I decided to	study more.		난 공부를 더 하기로 결심했어.
	go on a trip.		난 여행을 가기로 결심했어.

1

What do you want to do in the future **?**

a. buy

b. read

c. eat

in the future: 미래에
buy: 사다
read: 읽다
eat: 먹다

2

I want to work in the travel industry .

a. eat something

b. buy this dress

c. speak English fluently

travel: 여행
industry: 산업
something: 무언가
dress: 옷
fluently: 유창하게

3

I like working with people .

a. listening to music

b. walking my dog

c. traveling alone

listen: 듣다
walk: 산책시키다
alone: 혼자

4

How about you **?**

a. your mother

b. your boyfriend

c. these shoes

shoes: 신발

1. 넌 커서 무엇이 되고 싶니? (grow up)

_____

2. 의사가 되고 싶어. (doctor)

_____

3. 어떤 종류의 운동? (exercise)

_____

4. 난 피아노 치는 것을 좋아해. (play the piano)

_____

5. 너는 어때?

_____

6. 난 집에 머무르기로(있기로) 결정했어. (stay home)

_____

7. 미국 항공 우주국에서 일하고 싶니? (work for NASA)

_____

Words
- **want** 원하다, 바라다 • **grow up** 성장하다 • **sort** 종류 • **exercise** 운동
- **play the piano** 피아노 치다 • **stay home** 집에 머무르다 • **work** 일하다
- **NASA** 미국 항공 우주국(**National Aeronautics and Space Administration**)

1 주어 + 동사 + to 동사원형 ~.

1. 저는 프리랜서가 되고 싶어요. (freelancer)

_____

2. 저는 오늘은 집에서 저녁을 먹고 싶어요. (dinner, at home, today)

_____

3. 저는 그 일을 하기로 결심했어요. (take the job)

_____

4. 저는 비행기 조종사가 되고 싶었어요. (pilot)

_____

5. 저는 지하철을 타고 출근하기로 결심했어요. (go to work, by subway)

_____

2 주어 + 동사 + ~ing.

6. 저는 요리하는 것을 즐겨해요. (cook)

_____

7. 저는 걷는 것을 좋아해요.

_____

8. 제 남동생은 하이킹을 매우 좋아해요. (hike)

_____

9. 제 남편은 담배를 끊었어요. (husband, quit)

_____

10. 진우는 공원에서 노는 것을 좋아해요. (play, in the park)

_____

3 | Do you / Does she / Does he + 동사원형 ~?

11. 당신은 산책하고 싶으세요? (take a walk)

_____

12. 수민씨는 이 회사에서 일하고 싶어 하나요? (work, company)

_____

13. 당신은 바다에서 수영하는 것을 좋아하세요? (sea)

_____

14. 남동생은 아이가 둘인가요? (children)

_____

15. 당신의 보모가 당신의 아이들을 봐주나요? (babysitter, take care of)

_____

Try it ~ 대화 영작

A: 당신의 여동생이 여기서 일하나요?

1. _____

B: 아니오, 하지만 여기서 일하고 싶어해요.

2. _____

A: 당신은 여기서 일하는 게 즐겁나요? (enjoy)

3. _____

B: 예. 저는 많은 사람들과 함께 일하는 것을 좋아해요.

4. _____

A: 어머님이 당신의 딸을 봐주나요? (take care of)

5. _____

B: 예. 제 어머님은 저희와 같이 살고 싶어하세요.

6. _____

취미나 미래에 대한 계획 등에 대한 대화 나누기

 Tell me, Minjun, what do you want to do in the future?

 I want to have a different job.

 What sort of job?

 I like working with people, so I want to work in the travel industry. How about you?

 I decided to be a professional fashion designer.

 That's great!

수민: 민준씨, 말해 봐요. 앞으로 뭘 하고 싶어요?

민준: 저는 다른 직업을 갖고 싶어요.

수민: 어떤 종류의 일이요?

민준: 저는 사람들과 함께 일하는 것을 좋아하거든요. 그래서 여행업계에서 일하고 싶어요. 수민씨는요?

수민: 저는 전문적인 패션 디자이너가 되기로 결심했어요.

민준: 멋지네요!

 영어로 말할 때는 이렇게 다릅니다.

여러분은 스트레스를 어떻게 푸시나요? 수영, 댄스, 달리기와 같은 운동을 통해 스트레스를 푸시는 분들도 계실 거고, 술을 마셔서 풀거나 폭식을 해서 스트레스를 풀려고 할 수도 있을겁니다. 그런데 '스트레스를 푼다'는 말을 흔히 'solve stress'라고 생각하실 수 있는데요. 스트레스는 수학 문제나 해결책을 찾아야하는 어떤 과제처럼 푸는 대상이 아니고, 날려버리고 없애버려야하는 대상이라서요. 영어로 '스트레스를 풀다'라는 말은, 'get rid of stress'라고 합니다. 혹은 '스트레스를 줄인다'는 뜻으로 'reduce stress'라고 하기도 하죠. How do you get rid of stress?

The Irony of Fate (운명의 장난)

A thirsty deer came to a spring, and after drinking some water, he saw his reflection in the water. He was proud of his great and beautiful antlers, but didn't like his skinny weak-looking legs. While he was thinking, a lion appeared from behind and started chasing him. The deer ran and quickly got ahead of it, for the deer's strength is in his legs, while the lion's is in his courageous heart. When he ran in the clear open land, the deer was safely in front of the lion, but when he reached the woods, his antlers got caught in the tree branches, so he couldn't run any further. He was caught by the lion, and as he was about to be killed, he thought, "Wow, my legs, which I feared would fail me, kept me alive, but the antlers that I was so confident about are destroying me."

This happens a lot when we are in danger; the friends we were doubtful of end up saving us, while those we put trust in betray us.

이렇게 끊어 읽으면 쉬워요!

A thirsty deer / came to a spring, / and / after drinking some water, / he saw his reflection /
갈증 난 사슴이　샘가로 왔다　그리고　물을 마시고 나서는　그는 자신의 모습을 보았다

in the water. / He was proud of / his great and beautiful antlers, / but / didn't like /
물 속에서　그는 뿌듯했다　자신의 위대하고 아름다운 뿔을　하지만　마음에 안 들었다

his skinny weak-looking legs. / While he was thinking, / a lion / appeared from behind /
자신의 가느다랗고 약해 빠진 다리가　이런 생각을 하는 동안　사자가　뒤에서 나타났다

and / started chasing him. / The deer / ran and quickly got ahead of it, /
그리고　사슴을 쫓기 시작했다　사슴은　달려서 빨리 사자를 따돌렸다

for / the deer's strength / is in his legs, / while / the lion's / is in his courageous heart. /
왜냐하면　사슴의 강점은　다리에 있다　반면　사자의 강점은　그의 용감한 심장에 있다

When he ran / in the clear open land, / the deer was safely / in front of the lion, /
달릴 때　탁 트인 땅에서는　사슴은 안전하게 있었다　사자의 앞에

but / when he reached the woods, / his antlers / got caught in / the tree branches, / so /
하지만　숲에 다다르자　그의 뿔이　걸렸다　나뭇가지에　그래서

he couldn't run any further. / He was caught by the lion, / and / as he was about to be killed, /
더 이상 달릴 수가 없었다　그는 사자에게 잡혔다　그리고　막 잡아 먹히려고 했을 때

he thought, / "Wow, / my legs, / which I feared would fail me, / kept me alive, /
그는 생각했다　이런　내 다리가　나를 실망시킨다고 생각했던　나를 살렸다

but / the antlers / that I was so confident about / are destroying me." /
하지만　뿔이　내가 자신이 있었던　나를 망가뜨리는구나

This happens a lot / when we are in danger; / the friends we were doubtful of /
이런 일은 많이 일어난다　우리가 위험에 처했을 때　우리가 의심했던 친구들은

end up saving us, / while / those we put trust in / betray us.
결국 우리를 구해주고　반면　우리가 믿음을 주었던 친구들은　우리를 배신한다

해석

　갈증 난 수사슴이 샘터로 가서 물을 마시고는 물에 비친 자신의 모습을 바라보았다. 사슴은 자신의 위대하고 아름다운 뿔을 보고 으쓱했지만, 자신의 가느다랗고 빈약해 보이는 다리는 마음에 들지 않았다. 이런 생각을 하고 있을 때, 사자 한 마리가 나타나서 그에게 덤벼 들었다. 사슴은 잽싸게 달려 사자를 따돌릴 수가 있었다. 사슴의 강점은 그의 다리에 있었고 사자의 강점은 용감한 심장에 있기 때문이다. 환하게 툭 트인 땅을 달릴 때는 사슴은 안전하게 사자보다 빨리 달릴 수 있었지만, 나무가 빽빽한 숲에 이르자 사슴의 뿔이 나뭇가지에 걸려버렸다. 그래서 사슴은 더 이상 달릴 수가 없었다. 사슴은 사자에게 잡혔고 잡아 먹히려는 순간에 사슴은 생각했다. "이런, 나를 실망시키는구나 싶었던 내 다리는 나를 살렸고, 그렇게 자신감을 채워주었던 나의 뿔이 나의 목숨을 빼앗아가게 만드는구나."
　우리가 위험에 처했을 때 흔히 일어나는 일입니다. 믿어야 하나 말아야 하나 싶었던 친구들이 결국은 우리를 구해주는 반면, 완전히 믿었던 친구들이 우리를 배신하기도 하니 말입니다.

Words

- **deer** 사슴　• **spring** 샘　• **reflection** (거울 등에 비친) 모습, 반사　• **antler** 가지진 뿔　• **skinny** 깡마른
- **chase** 뒤쫓다　• **get ahead** 앞서가다, 따돌리다　• **strength** 힘, 강점　• **courageous** 용감한
- **branch** 나뭇가지　• **any further** 더 이상　• **be about to do** 막 ~하려는 참이다　• **fear** 두려움, 무서움
- **keep me alive** 나를 살려주다　• **confident** 자신감 있는　• **put trust in** 믿음을 주다, 신뢰하다
- **betray** 배신하다

I want to join the club, too!

Chapter 7

동아리에 대해 의견 나누기

▶ **주제**
　어떤 것을 하려는 목적이 무엇인지에 대해 말하기

▶ **문법 포인트**
　1. 부사적 용법으로 쓰이는 to부정사 넣어 말하기
　2. for 다음에 명사를 넣어 말하기

● **그냥 말할 때:**
　누가 ～했다 ～하려고
　■ 주어 + 동사의 과거형 + to부정사(부사적 용법)/ for 명사.

● **물어볼 때:**
　누가 ～했니 ～하려고?
　■ Did + 주어 + 동사원형 + to부정사(부사적 용법)/for 명사.

A: Did you join any clubs at our school?

교내 동아리에 가입했어요?

B: Yes, I joined a hiking club.

네, 저는 등산 동아리에 가입했어요.

○ "Did you join any clubs at our school?" "~했나요?"

상대방에게 어떤 것을 했는지 여부를 물을 때는 **'Did you ~?'**로 시작하면 됩니다. 'any'는 '어떤 ~'의 뜻으로, 'join any clubs'는 '어떤 동아리든 ~ 동아리에 가입하다'라는 말이에요.

○ "I joined a hiking club." "~에 가입했어요."

'~에 가입하다'라고 할 때 **join** 뒤에 바로 가입한 곳의 이름을 씁니다. 등산 동아리에 가입하면? 'join a hiking club', 댄스 동아리에 가입하면? 'join a dance club'이라고 하는 거죠. 제 팬클럽에 가입하셨다구요? You joined 태연's fan club? Thank you so much! ㅎㅎ

 입이 열리는 영문법

▶ 타동사

join과 같이 뒤에 목적어를 필요로 하는 동사를 타동사라고 하는데요, 이런 타동사 뒤에는 목적어가 될 수 있는 말, 즉, 명사, 대명사, 동명사 등을 전치사 없이 바로 이어서 쓰면 됩니다. 'Can I join you?' '나도 함께 가도 될까?', 'Why don't you join us?' '우리랑 같이 가자(하자).'처럼요.

 **기억해줘!**

상대방에게 무엇을 했는지 여부를 물을 때는 Did you ~?를 떠올리세요.			
Did you	see the movie	**?**	너 그 영화 봤어?
	call me yesterday		너 어제 나한테 전화했었니?
	eat lunch		너 점심 먹었니?

Why did you join the club?

왜 그 동아리에 가입했는데요?

○ **"Why did you join the club?"** "왜 ~했어요?"

상대방에게 왜 ~했는지 이유를 묻는 말은 'Why did you ~?'라고 해요. 대화를 하는 두 사람이 알고 있는 동아리를 가리키면서 얘기를 하는 것이라서 '그 동아리'라는 의미로 'the club'이라고 한 거예요.

위에서 태연의 팬클럽에 가입하셨다고 했는데... 왜 가입하신건가요? ㅎㅎ
Why did you join the club?

 입이 열리는 영문법

▶ why 의문문
무엇을 했는지 여부를 묻는 과거의문문은 주어가 어떤 것이든 상관없이 'Did you + 동사원형~?'의 순서로 말하면 되는데요, 여기에 의문사를 넣으려면 의문사를 맨 앞에 쓰면 됩니다. 그 뒤의 문장 어순은 그대로 두고 말이죠. 'Did you join the club?' '그 동아리에 가입하셨어요?' 'Why did you join the club?' '왜 그 동아리에 가입하셨는데요?', 'Did you buy a new computer?' '새 컴퓨터를 사셨다구요?' 'Why did you buy a new computer?' '왜 새 컴퓨터를 사셨는데요?'와 같이 말이죠.

 **기억해줘!**

	상대방이 왜 무엇을 했는지 궁금하다면 Why did you ~?를 떠올려요.		
Why did you	skip lunch	**?**	너 왜 점심을 걸렀어?
	cancel the plan		너 왜 그 계획을 취소한거야?

I joined the hiking club to enjoy the weekends.

난 주말마다 즐겁게 보내려고 등산 동아리에 가입했어요.

○ "I joined the hiking club to enjoy the weekends."

"~하고 싶어서요."

'I joined the hiking club'은 '내가 등산 동아리에 가입했다'라는 말인데 등산 동아리에 왜 가입했느냐 하면 **'to enjoy the weekends' '주말을 즐겁게 보내려고, 즐겁게 보내기 위해서'**라는 말이에요.

'weekend'는 '주말', 여기에 s를 붙인 'weekends'는 '주말마다'라는 뜻이에요.

입이 열리는 영문법

▶ to부정사

우리말로 '~하려고'라는 말을 영어로 할 때는 to부정사를 떠올리면 됩니다. 도서관에 책을 빌리러 간다면, 'I'm going to the library to check out some books.'라고 하면 되고, 더 건강해지려고 매일 운동을 한다면, 'I exercise every day to become healthier.' 라고 하면 됩니다.

기억해줘!

'~하기 위해서, ~하려고'라는 말을 하고 싶을 땐 'to + 동사원형'을 떠올려요.	
너를 보려고 여기 왔어.	I came here to see you.
나는 학교에 가려고 일찍 일어났어.	I got up early to go to school.
나는 통역가가 되려고 영어 공부를 하는 거야.	I'm learning English to be an interpreter.

I want to join the club, too!

저도 그 동아리에 가입하고 싶네요!

○ "I want to join the club, too!" "저도 ~하고 싶네요."

뭔가 하고 싶은 것이 있을 때는 I want to 다음에 하고 싶은 것을 나타내는 말을 넣어서 표현하면 돼요. 지금 서로 얘기하고 있는 '그 동아리'에 가입하고 싶다는 말로, 'I want to join the club.'이라고 했습니다.

상대방이 한 말에 맞장구 치면서, '나도, 역시'라고 할 때 문장 끝에 too를 쓰는 거 기억하고 계시죠?

와, 좋겠다! '나도 그 동아리에 가입하고 싶다.'라는 말이 I want to join the club, too!입니다.

기억해줘!

나도 역시 어떻다고 맞장구치고 싶다면 too를 떠올리세요.	
나도 그래.	Me, too.
나도 배고파.	I'm hungry, too.
나도 여행가고 싶어.	I want to go on a trip, too.

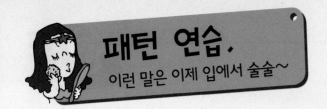

1

Did you join any clubs at our school **?**

a. see the movie

b. call me yesterday

c. eat lunch

movie: 영화
yesterday: 어제
lunch: 점심

2

Why did you join the club **?**

a. do that

b. skip lunch

c. cancel the plan

skip: 거르다
cancel: 취소하다
plan: 계획

3

I joined the hiking club to enjoy the weekends **.**

a. see you

b. be healthy

c. travel

healthy: 건강한
travel: 여행하다

1. 밥 먹으려고 손 씻었어? (wash)

_____

2. 동물들을 보려고 동물원에 갔었어? (zoo, animals)

_____

3. 선물을 사려고 쇼핑을 갔었어. (went shopping, buy, gift)

_____

4. 돈을 절약하려고 내 집을 팔았어. (sold, save money)

_____

5. 왜 그랬니?

_____

6. 나도 세계 여행하고 싶어! (world)

_____

Words

- **wash one's hands** 손을 씻다 • **animal** 동물 • **go shopping** 쇼핑하다 • **gift** 선물
- **sold** 팔았다(**sell**의 과거형) • **travel the world** 세계 여행하다

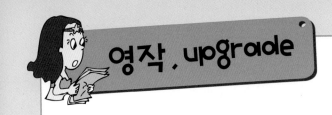

1   I + 동사의 과거형 + to ... / for ...

1. 저는 새 셔츠를 하나 사러 쇼핑을 갔었어요. (went shopping, shirt)

_____

2. 저는 돈을 절약하기 위해서 차를 팔았어요. (sold, save money)

_____

3. 저는 마이클 잭슨을 보려고 두 시간을 기다렸어요. (for two hours)

_____

4. 저는 드럼을 치기 시작했어요. (began, play the drums)

_____

5. 저는 친구에게 노트북을 그냥(공짜로) 주었어요. (laptop computer, for free)

_____

2   Did you + 동사원형 ~?

6. 드럼을 치기 시작하셨어요? (begin)

_____

7. 살을 빼려고 식사를 거르셨어요? (skip meals, lose weight)

_____

8. 그냥 안부 물으려고 저한테 전화하셨어요? (just, say hello)

_____

9. 엄마를 도와드리려고 엄마한테 방문하셨어요? (visit)

_____

10. 한 달에 5킬로그램을 빼셨어요? (lose, in a month)

_____

3 Why did you + 동사원형 ~?

11. 지난 주에 제주도에 왜 가셨었어요? (last week)

_____

12. 오늘 아침에 저한테 왜 전화하셨어요? (this morning)

_____

13. 차를 왜 파셨어요? (sell)

_____

14. 저한테 왜 이메일을 보내셨어요? (send)

_____

15. 이 사진을 왜 찍으셨어요? (take, picture)

_____

Try it ~ 대화 영작

A: 왜 오늘 걸어서 출근하셨어요? (walk to work, today)

1. _____

B: 건강을 위해서 많이 걸었어요. (walk, a lot, health)

2. _____

A: 살이 빠졌나요? (lose weight)

3. _____

B: 네, 한 달 동안 3킬로그램 뺐어요. (lost, kilograms, in a month)

4. _____

A: 오늘 아침에는 저한테 왜 전화하셨어요? (this morning)

5. _____

B: 조깅을 함께 하려고 전화했었어요. (jog, together)

6. _____

어떤 것을 하려는 목적이 무엇인지에 대해 말하기

 Minjun, did you join any clubs at our school?

 Yes, I joined a hiking club to enjoy the weekends.

 I joined a dance club.

 A dance club? Why did you join the club?

 Just for fun.

 I like dancing. I want to join the club, too!

수민: 민준씨, 교내 동아리 가입했어요?

민준: 네, 저는 주말마다 즐겁게 보내려고 등산 동아리에 가입했어요.

수민: 저는 댄스 동아리에 가입했어요.

민준: 댄스 동아리요? 왜 그 동아리에 가입했는데요?

수민: 그냥 재미삼아서요.

민준: 저도 춤추는 거 좋아해요. 저도 그 동아리에 가입하고 싶은데요!

 영어로 말할 때는 이렇게 다릅니다.

엄마가 밥 먹으라고 할 때 "알겠어요, 가요"라는 말은 'I'm going.'일까요? 'I'm coming.'일까요?
정답은 'I'm coming.'입니다. 'I'm going.'이라고 하면, 상대방이 있는 쪽이 아니라 다른 어딘가로 간다는
말이라서, 밥 안 먹고 어디 가? 라는 말을 듣기 딱 좋죠. 상대방이 있는 쪽으로 가거나 상대방과 같이 간다
고 할 때는 come을 쓰세요. 상대방에게 어디를 같이 가자고 할 때도 'Why don't you come with me?'
하는 게 맞고, '너랑 같이 가도 되니?'라고 할 때도 'Can I come with you?'라고 하시는 게 맞으니까 꼭
기억해줘요~~

Reckoning Without His Host (주객전도)

A man was ready to entertain a good friend at dinner, and his dog invited another dog he knew to come and eat with him. When he arrived, the dog looked at the delicious meal that was prepared and his heart cried with joy. "What a great and unexpected treat for me!" he said to himself. "I will eat so much and be so full that I won't be hungry at all tomorrow." The whole time he kept wagging his tail to show the confidence he had in his friend's kindness. But as he kept wagging his tail back and forth, the cook saw him and immediately grabbed him by the legs and threw him outside. He went home howling. "What was the dinner like?" asked one of the dogs he met on the way home. "There was so much to drink at dinner that I drank too much," he answered; "I was so drunk that I don't even know how I got out of the house."

It is a bad habit to trust someone that offers to do good when someone else loses something.

이렇게 끊어 읽으면 쉬워요!

A man / was ready to / entertain a good friend / at dinner, / and / his dog invited /
어떤 사람이　준비를 했다　　친구와 즐겁게 보낼　　저녁 식사에서　그리고　그의 개는 초대했다

another dog / he knew / to come and eat with him. / When he arrived, /
다른 개를　자기가 아는　와서 같이 식사하자고.　손님이 도착했을 때

the dog looked at the delicious meal / that was prepared / and his heart cried with joy. /
개는 맛있는 식사를 보았다　준비되어있는　그리고 그의 마음은 기쁨에 들떴다

"What a great and unexpected treat / for me!" / he said to himself. /
이게 웬 멋지고 생각도 못했던 대접이람　나를 위해서　개가 혼잣말을 했다

"I will eat so much / and be so full / that I won't be hungry at all / tomorrow." /
나는 많이 먹을거야　그리고 배가 불러야지　그래서 절대 배가 고프지 않게　내일

The whole time / he kept wagging his tail / to show the confidence / he had /
내내　개는 꼬리를 살랑거렸다　확신을 보여주기 위해서　자기가 가지고 있는

in his friend's kindness. / But / as he kept wagging his tail / back and forth, /
친구의 친절에 대해　하지만　개가 꼬리를 계속 흔들어대니까　앞뒤로

the cook saw him / and immediately / grabbed him by the legs / and threw him outside. /
요리사가 개를 보았다　그리고는 즉시　개의 다리를 잡아　밖으로 던졌다

He went home howling. / "What was the dinner like?" / asked one of the dogs / he met /
개는 흐느끼며 집으로 갔다　저녁 식사는 어땠어?　친구들 중 하나가 물었다　그가 만난

on the way home. / "There was so much to drink / at dinner / that I drank too much." /
집으로 가는 도중　술이 너무 많더라구　저녁 식사 때　그래서 너무 많이 마셨지 뭐야

he answered; / "I was so drunk / that I don't even know / how I got out of the house." /
개가 대답했다　너무 취해서　도대체 모르겠어　어떻게 집밖으로 나왔는지

It is a bad habit / to trust someone / that offers to do good / when someone else loses something.
나쁜 습관이다　누군가를 믿는 것은　좋은 일을 해주겠다고 하는　다른 사람이 뭔가를 잃었을 때

해석

　　어떤 사람이 저녁 식사에 귀한 손님을 초대해서 식사를 하기로 했고, 그의 개도 역시 자신의 친구 개를 불러서 같이 밥을 먹자고 하였다. 손님이 도착했을 때 개는 진수성찬으로 차려져 있는 맛있는 음식들을 보고 너무 기뻐서 가슴이 벌렁벌렁하였다. "나를 위해서 이렇게 상상도 못했던 대접을 해주다니!" 개는 속으로 생각했다. "오늘 배터지게 먹어두어서 내일은 하루 종일 배고프지 않게 해야겠어."하면서 개는 자기가 친구의 환대에 얼마나 만족하고 있는지를 보여주기 위해서 내내 꼬리를 살랑거렸다. 하지만 개가 꼬리를 이리저리 움직이자 요리사는 그를 보더니 즉시 다리를 잡고 밖으로 내던져버렸다. 개는 흐느끼면서 집으로 돌아갔다. "저녁 식사는 어땠는데?" 집으로 가다가 만난 개 한 마리가 물었다. 개는 이렇게 대답했다. "너무 취해가지고 어떻게 집 밖으로 나왔는지도 모르겠어."라고.

　　어떤 사람이 희생한 대가로 다른 사람에게 좋은 일을 하려는 사람을 믿는 것은 어리석은 짓입니다.

Words

- **entertain** 접대하다, 즐겁게 해 주다 • **delicious** 아주 맛있는 • **meal** 식사 • **cry with joy** 기쁨에 들뜨다
- **unexpected** 예기치 않은 • **treat** 대접, 한턱 • **not at all** 전혀 ~하지 않다 • **wag** 흔들다 • **tail** 꼬리
- **confidence** 신뢰, 확신 • **back and forth** 앞뒤로 • **immediately** 즉시 • **grab** 붙잡다
- **howl** 으르렁거리다, 흐느끼다 • **drink too much** 너무 많이 마시다

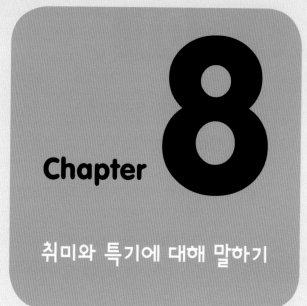

Chapter **8**

취미와 특기에 대해 말하기

▶ **주제**
  가능이나 능력에 대해 묻고 대답하기

▶ **문법 포인트**
  조동사 can을 넣은 평서문과 의문문 말하기

● **그냥 말할 때:**
  누가 ～할 수 있다 무엇을
  ■ 주어 + can + 동사원형 + 목적어.

● **물어볼 때:**
  누가 ～할 수 있니 무엇?
  ■ Can + 주어 + 동사원형 + 목적어?

A: Can you swim?   수영 할 줄 알아요?

B: No, I can't.   아니, 할 줄 몰라요.

○ **"Can you swim?"** "~할 수 있니?"

상대방이 어떤 것을 할 줄 아는지 궁금해서 **'너 ~할 수 있니?'**라고 물을 때는 **'Can you ~?'**라고 말하면 돼요. 상대방이 수영을 할 줄 아는지 묻고 싶다면, '수영하다'가 'swim'이니까, swim을 그대로 Can you 다음에 써서 'Can you swim?'이라고 하면 돼요.

How about you? Can you swim? 수영할 줄 아세요?

 입이 열리는 영문법

▶ **조동사 can**

영어의 동사는 크게 be동사, 일반동사, 그리고 조동사로 나눌 수 있는데요, 이 중에서 일반동사나 be동사의 의미를 보충해주는 것, 다른 의미를 하나 더해주는 역할을 하는 것이 조동사입니다. 또 의문문이나 현재완료 시제의 문장을 만들 때 필요한 것도 조동사이구요. 조동사 중에서 'can'이라는 것은 '~할 수 있다'라는 뜻을 가지고 있어요. 그래서 'swim'은 '수영하다', 'can swim'은 '수영할 수 있다, 수영을 할 줄 안다'라는 말이구요, 'speak' '말하다', 'can speak'은 '말을 할 수 있다, 말을 할 줄 안다'라는 뜻이 되죠. 'You can swim.'은 '너는 수영을 할 줄 안다.'라는 말이에요. 그런데 상대방에게 수영을 할 줄 아느냐고 묻는 의문문을 만들 때는요, can이라는 조동사를 주어 앞으로 보내서, 'Can you swim?'이라고 하는 거예요. 'You can swim.', '너는 수영을 할 줄 안다', 'Can you swim?' '너는 수영을 할 줄 아니?, 수영할 줄 알아요?' 이렇게 말이죠.

 **기억해줘!**

할 수 있냐고 물을 때는 Can you ~? 를 떠올리세요.		
Can you	help me	나를 도와줄 수 있어?
	speak Chinese	중국어 할 줄 알아?
	do this for me **?**	나를 위해서 이것 좀 해 줄 수 있니?
	ride a bike	자전거 탈 줄 아니?

A: I can't ride a bike.   저는 자전거를 못 타요.

B: I can't ride a bike, either.   저도 자전거를 못 타요.

○ "I can't ride a bike, either." "저도 ~ 못 해요."

'can'은 '할 수 있다, 할 줄 안다'라는 말이고, not을 붙인 **can not, cannot, can't**는 '할 수 없다, 할 줄 모른다'라는 말이에요.

상대방이 한 말에 대해서 '나도 그렇다, 나도 할 줄 안다'라고 맞장구칠 때는 문장 끝에 too를 쓰지만, not이 들어간 부정문에 대해서 '나도 역시 아니다'라고 할 때는 either를 써요. 'I can't ride a bike.' '나는 자전거를 못탄다', 'either' '역시' 즉, 너도 못 타? 나도 못타는데…라는 말이죠.

 입이 열리는 영문법

▶ too와 either
어떤 것을 할 줄 안다고 할 때는 '주어 + can 다음에 동사원형'을 쓰면 되고, 할 줄 모른다, 못 한다고 할 때는 '주어 + can't 다음에 동사원형'을 이어 말하면 됩니다. 'I can ride a bike.'는 '내가 자전거를 탈 줄 안다.'는 말이고, 'I can't ride a bike.'는 '나는 자전거를 탈 줄 모른다.'는 말이죠.

그리고, 문장 끝에 '역시, ~도, 또한'이라는 뜻으로 붙이는 말은 too와 either가 있는데요, 앞의 문장에 not이 없으면 too를 쓰고, not이 있으면 either를 쓴다고 기억하시기 바랍니다.
A: I **can** ride a bike. B: I can ride a bike, **too**.
A: I **can't** ride a bike. B: I can't ride a bike, **either**.

 기억해줘!

상대방이 not을 넣어 말한 것에 '나도 역시 그렇다.'라고 할 때는 either를 떠올리세요.	
A: 나 중국어 할 줄 몰라.	I can't speak Chinese.
B: 나도 중국어 할 줄 몰라.	I can't speak Chinese, either.
A: 나 수영 못 해.	I can't swim.
B: 나도 수영 못 해.	I can't swim, either.

A: Why? 왜요?
B: I wanted to have fun with you.

그냥 같이 재미있게 시간을 보내고 싶었어요.

 "I wanted to have fun with you." "~하고 싶었어요."

어떤 것을 하고 싶다는 말은 'I want to ~.'라고 하면 되구요, **어떤 것을 하고 싶었다 라고 말할 때는 'I wanted to ~.'**라고 하시면 돼요.

'have fun'은 '재미있게 놀다, 즐거운 시간을 가지다'라는 뜻이고, 'with'는 '~와 함께'라는 뜻이니까, 'I wanted to have fun with you.'는 '너와 함께 즐거운 시간을 보내고 싶었어.'라는 말이죠.

입이 열리는 영문법

▶ **일반동사의 과거형**

'누가 무엇을 했었다'라고 이미 한 일을 말할 때는 일반동사의 과거형을 써서 말하는데요, 동사에 따라 과거형을 만드는 방법이 두 가지예요. 하나는 동사의 원형에 d나 ed를 붙이는 방법이고, 또 다른 하나는 과거형이 완전히 다른 경우입니다. want와 같은 동사의 과거형은 뒤에 ed를 붙이는 것으로 간단히 만들어지죠. 'I want to have fun with you.'는 '내가 너와 즐거운 시간을 보내고 싶다.'라는 말이고, 'I wanted to have fun with you.'는 '내가 너와 즐거운 시간을 보내고 싶었다.'라는 뜻이 돼요. 일반동사의 과거형은 나올 때마다 다 외워두시는 것이 좋습니다~~

 기억해줘!

	어떤 떤 것을 하고 싶었다고 말할 때는 I wanted to ~. 를 떠올리세요.	
I wanted to	join the club.	나 그 동아리에 가입하고 싶었어.
	go to Turkey.	나 터키에 가고 싶었어.
	tell you the truth.	너에게 사실대로 말해주고 싶었어.

How about going to a movie?

영화 보러 가는 거 어때요?

○ **"How about going to a movie?"** "~하는 게 어때요?"

상대방에게 어떤 것을 하자고 제안하거나 의견을 물을 때는 '**How about ~?**'이
라고 해보세요.

'영화보러 가다'가 'go to a movie, go see a movie'니까, 영화보러 가자고 제
안할 때는, go에 ~ing를 붙여서 'How about going to a movie?' 혹은 'How
about going see a movie?'라고 하시면 됩니다.

How about going to a movie with me? 저와 함께 영화 보러 가시는 것은 어떨
까요?

 입이 열리는 영문법

▶ 전치사 about

'How about ~ing?'에서 'about'은 전치사인데요, 전치사 뒤에 동사를 쓸 때는 동사원
형에 ~ing를 붙여야 합니다. 그러니까, 'How about ~ing?'라는 덩어리로 외워두시고, '~
하는 것이 어때?, ~하는 게 어때요?'라는 뜻으로 기억하시면 되겠습니다.

 **기억해줘!**

'~하는 것이 어때?'라고 제안하고 싶을 때는 How about ~ing?를 떠올리세요.			
How about	taking a nap		낮잠을 자는 게 어때?
	going out for a ride	?	드라이브하러 가는 게 어때?
	taking a day off		하루 휴가내는 게 어때?

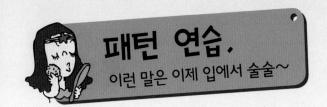

1

Can you swim ?

a. help me

b. speak Chinese

c. do this for me

help: 돕다
Chinese: 중국어
for: ~위해서

2

I can't ride a bike , **either.**

a. swim

b. play the piano

c. go on a trip

swim: 수영하다
piano: 피아노
go on a trip: 여행하다

3

I wanted to have fun with you .

a. join the club

b. go to Turkey

c. tell you the truth

join: 참여하다
Turkey: 터키
truth: 진실

4

How about going to a movie ?

a. taking a nap

b. going out for a ride

c. taking a day off

take a nap: 낮잠을 자다
go out for a ride: 드라이브하러 가다
take a day off: 하루 휴가를 내다

1. 너 운전할 수 있니? (drive)

_____

2. 아니, 못 해.

_____

3. 난 춤을 전혀 못 춰. (dance, at all)

_____

4. 너 테니스 칠 줄 아니?

_____

5. 나는 기타도 못 쳐. (guitar, either)

_____

6. 나는 노래를 부르고 싶었어. (sing a song)

_____

7. 소풍가는 게 어때? (going on a picnic)

_____

Words

- **can** 할 수 있다 • **drive** 운전하다 • **can't** (can not을 줄인 말) 할 수 없다 • **dance** 춤추다
- **play the guitar** 기타 치다 • **either** (부정문에서) 역시, 또한 • **wanted** (want의 과거형) 원했다, 바랬다
- **sing a song** 노래 부르다 • **how** 어떤, 어떻게 • **go on a picnic** 소풍가다

1 I + can + 동사원형.

1. 저는 드럼을 칠 줄 알아요. (drum)

_____

2. 저는 일본어와 중국어를 할 줄 알아요. (speak, Japanese, Chinese)

_____

3. 저는 아주 매운 음식을 먹을 수 있어요. (spicy, food)

_____

4. 저는 아이들에게 영어를 가르칠 수 있어요. (teach, children)

_____

5. 제가 구경시켜 드릴 수 있어요. (show you around)

_____

2 Can + you + 동사원형?

6. 이 노래 부를 줄 아세요? (sing, song)

_____

7. 이 일 좀 도와주실 수 있나요? (help, with, work)

_____

8. 내일 아침에 저한테 모닝콜 좀 해 주실 수 있어요? (give me a wakeup call)

_____

9. 저 좀 태워다 주실 수 있나요? (give me a ride)

_____

10. 저 돈 좀 빌려주실 수 있나요? (lend me some money)

_____

3   I + can't + 동사원형.

11. 말씀하시는 게 안들려요. (hear)

_____

12. 내일은 제가 함께 못 가겠어요. (join)

_____

13. 이 책을 이해할 수가 없어요. (understand)

_____

14. 이번 주말에는 할머니를 찾아뵙지 못 하겠어요. (visit, this weekend)

_____

15. 오늘은 제 강아지 산책을 못 시키겠어요. (walk my dog)

_____

Try it ~ 대화 영작

A: 이것 좀 도와줄 수 있어요?

1. _____

B: 그럼요. 무엇을 해주면 되겠어요? (sure)

2. _____

A: 이 한국말로 된 이메일을 영어로 번역할 수 있어요?
(translate this Korean e-mail into English)

3. _____

B: 가만 있자… 어디 봅시다. 네, 할 수 있어요. (let me see)

4. _____

A: 감사합니다. 10분 내로 끝낼 수 있나요? (finish, in ten minutes)

5. _____

Minjun, can you swim?

 No, I can't. Can you?

 Actually, I'm a good swimmer. Can you ride a bike?

 Oh, I can't ride a bike, either. Why?

 I wanted to have fun with you.

 Then how about going to a movie?

수민: 민준씨, 수영 할 줄 알아요?

민준: 아니, 할 줄 몰라요. 수민씨는요?

수민: 사실, 저는 수영을 아주 잘 해요. 자전거는 탈 줄 알아요?

민준: 오, 자전거도 못 타는데요. 왜요?

수민: 그냥 같이 재미있게 시간을 보내고 싶었어요.

민준: 그럼 영화 보러 가는 거 어때요?

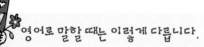 영어로 말할 때는 이렇게 다릅니다.

외국에 가서 다른 외국어보다는 그래도 영어는 알아듣고 대충 말할 수 있으니까 영어를 할 줄 아는 사람을 찾게 되는 경우가 많습니다. 이 때 주로 'Can you speak English?'라고 많이 하게 되는데요, 이렇게 물으면 영어를 할 줄 아는 능력을 상대방이 가졌느냐 하는 능력의 문제로 들려 자칫 기분 나쁘게 들릴 수도 있으니까, 이보다는 'Do you speak English?'라고 하는 것이 더 좋습니다. 한국에서 외국인에게 물어볼 때도 마찬가지로, 영어를 하는지 묻고 싶다면 'Do you speak English?'라고 하는 것, 기억해 두세요~~

다시 읽는 명작

A Clumsy Liar (어설픈 거짓말쟁이)

Travelers who go abroad by sea often take with them Maltese dogs or monkeys to play with them and liven up their voyage. One traveler had a monkey. When they were off Cap Sunium on the coast of Attica, a violent storm came up, in which the ship was destroyed. Everyone, including the monkey, had to jump overboard and swim. A dolphin, which saw the monkey, thought it was a man, and took him on his back and carried it to land. When they reached Piraeus, the port of Athenians, the dolphin asked the monkey if he was born in Athens. When the monkey said he was, adding that his parents were famous citizens of Athens, the dolphin asked if he knew Piraeus too. The monkey thought Piraeus was a man, so he said he knew him very well, and added that he was one of his best friends. This enormous lie angered the dolphin that it brought the monkey back into the water and left him to drown.

This fable represents people who are ignorant of the truth and think they can make others believe their pack of lies.

이렇게 끊어 읽으면 쉬워요!

Travelers / who go abroad / by sea / often take with them / Maltese dogs or monkeys /
여행객들은　　해외로 여행을 하는　　바다로　　종종 데리고 다닌다　　마르티스나 원숭이를

to play with them / and liven up their voyage. / One traveler / had a monkey. /
같이 놀려고　　그리고 여행 분위기를 띄우려고　　한 여행객이 / 원숭이를 데리고 있었다

When they were off Cap Sunium / on the coast of Attica, / a violent storm / came up, /
케이프 수니움까지 갔을 때　　아티카 해변에 있는　　격렬한 폭풍이　　생겼다

in which the ship was destroyed. / Everyone, / including the monkey, / had to jump overboard /
그래서 배가 뒤집혔다　　모두가　　원숭이를 포함해서　　배 밖으로 뛰어내려야 했다

and swim. / A dolphin, / which saw the monkey, / thought / it was a man, /
그리고 수영을 해야 했다　돌고래가　　원숭이를 본　　생각했다　사람이라고

and took him on his back / and carried it to land. / When they reached Piraeus, /
그래서 등에 태워서　　육지로 데려갔다　　그들이 피레우스에 도착했을 때

the port of Athenians, / the dolphin asked the monkey / if he was born in Athens. /
아테네 항구인　　돌고래가 원숭이에게 물었다　　아테네에서 태어났는지

When the monkey said he was, / adding that / his parents were famous citizens / of Athens, /
원숭이가 그렇다고 대답했을 때　　이렇게 덧붙이며　　그의 부모님이 저명한 시민이셨다고　아테네의

the dolphin asked / if he knew Piraeus too. / The monkey thought / Piraeus was a man, / so / he said /
돌고래가 물었다　　피레우스도 아느냐고　　원숭이는 생각했다　　피레우스가 사람인 줄로　그래서　그는 말했다

he knew him very well, / and added that / he was one of his best friends. / This enormous lie /
그를 아주 잘 안다고　　그리고 덧붙였다　　자신의 아주 친한 친구라고　　이 엄청난 거짓말이

angered the dolphin / that it brought the monkey / back into the water / and left him to drown. /
돌고래를 화나게 했다　　돌고래는 원숭이를 데려갔다　　다시 물 속으로　　그래서 빠져죽게 했다

This fable represents people / who are ignorant of the truth / and think /
이 우화는 사람들을 말해줍니다　　진실을 모르고　　생각하는

they can make others believe / their pack of lies.
사람들을 속일 수 있다고　　그들의 많은 거짓말을

해석

　바다로 여행하는 사람들은 종종 여행중의 지루한 시간을 보내기 위해 마르티스 애완견이나 원숭이 같은 것을 데리고 여행을 한다. 이런 여행자 한 사람이 원숭이를 데리고 있었다. 이들이 아티카 해안에 있는 케이프 수니움까지 갔을 때 거센 폭풍에 배가 뒤집히게 되어 원숭이를 포함하여 배에 탔던 모든 사람들이 물 속으로 뛰어내려 헤엄을 쳐야 했다. 원숭이를 발견한 돌고래가 원숭이를 사람인 줄 알고 원숭이를 등에 태워 육지까지 데려다 주었다. 아테네의 항구도시인 피레우스에 도착하자마자 돌고래는 원숭이에게 아테네에서 태어났느냐고 물었다. 원숭이는 그렇다고 하면서 부모님도 아테네의 저명한 시민들이셨다고 덧붙였다. 그러자 돌고래는 혹시 피레우스도 아느냐고 물었다. 원숭이는 피레우스 항구가 사람 이름인 줄 알고 그 사람을 아주 잘 알고 있다고 하면서 자신의 아주 친한 친구라고 했다. 이 터무니없는 거짓말에 너무나 화가 난 돌고래는 원숭이를 물 속에 빠뜨려서 빠져 죽게 하고 말았다.
　이 우화는, 정직할 줄 모르고 사람들에게 거짓말을 해서 속일 수 있다고 믿는 사람들을 풍자하고 있습니다.

Words

- **liven up** 분위기 등을 살려주다 • **voyage** 여행, 항해 • **violent** 격렬한 • **storm** 폭풍, 폭풍우
- **jump overboard** 물 속으로 뛰어들다 • **add** 더하다, 보태다 • **enormous** 어마어마한 • **drown** 빠지다

Chapter **9**

쇼핑하기

▶ **주제**

쇼핑할 때 사용할 수 있는 회화 표현 익히기

▶ **문법 포인트**

1. 형용사의 최상급 넣어 말하기
2. 현재진행형 시제로 말하기

● **그냥 말할 때:**

누가 ~하고 있다 무엇을

■ 주어 + be동사 + ~ing + 목적어.

● **물어볼 때:**

누가 ~하고 있니 무엇을?

■ Be동사 + 주어 + ~ing + 목적어?

A: Can I help you? 　　　　　　　　　도와 드릴까요?

B: I'm looking for some shoes. 　　　　신발을 찾고 있는데요.

○ "Can I help you?" "도와 드릴까요?"

'Can I help you?'는 상점 등에서 직원이 손님에게 주로 건네는 말이에요. 이외에도 누구에게나 '내가 어떻게 해 줄까?, 해 드릴까요?'라고 상대방에게 묻는 말이 'Can I help you?'이고 'Could I help you?'라고 하면 좀 더 공손한 의미가 됩니다.

Do you have any problems in English? 영어에 뭔가 어려움이 있으신가요? Then, can I help you? 그럼, 제가 도와드릴까요?

○ "I'm looking for some shoes." "~ 찾고 있어요."

지금 하고 있는 일을 말할 때는 **'I'm ~ing'**라고 하시면 돼요. 내가 지금 어떤 것을 찾고 있는 중이다라는 말은 'I'm looking for ~.'라고 하시면 되구요. 이 말은 상점, 서점 등에서 어떤 것을 사려고 한다고 할 때 자주 쓰는 말이에요.

입이 열리는 영문법

▶ 현재진행형

우리말로 '지금 무엇을 하고 있다, 하고 있는 중이다'라는 것을 나타내는 시제를 영어에서는 현재진행형이라고 해요. 현재 지금 진행 중인 동작을 나타내는 것이죠. 현재진행형을 나타내는 방법은, 주어에 맞는 be동사(am, are, is)를 쓰고 동사원형에 ~ing를 붙인 것을 연결하면 됩니다. 예를 들어, '제가 지금 책을 쓰고 있습니다.'라고 하면, 'I am writing a book.'이라고 하면 되죠.

기억해줘!

어떤 것을 현재 하고 있다면 I'm ~ing 다음에 이어 말하면 됩니다.		
	reading a book.	저는 책을 읽고 있습니다.
I'm	cooking.	저는 요리를 하고 있습니다.
	taking a walk.	저는 산책을 하고 있습니다.

What kind of shoes do you want? 어떤 종류의 신발을 원하세요?

○ **"What kind of shoes do you want?"** "어떤 종류의 ~를 원하세요?"

'어떤 종류의 무엇'에 대해 물을 때는 'What kind of ~?'라고 해요. 신발도 종류가 여러 가지니까, 어떤 종류의 신발을 원하는지를 이렇게 물을 수 있어요. What kind of shoes do you want? 이렇게요.

 입이 열리는 영문법

▶ **의문사**

영어의 의문문에 의문사라고 하는 것들, what, which, when, where, who, why, how 등이 들어갈 때는요, 문장의 맨 앞에 쓰는 것이 원칙이에요. 뒤에 몇 개의 단어가 더 붙는 경우도 마찬가지죠.

'what'은 '무엇'이라는 뜻이고, 'What kind of shoes'는 '어떤 종류의 신발'이라는 뜻인데요, '어떤 종류의 신발을 원하느냐'라고 할 때는, 'What kind of shoes'를 먼저 쓰고, 'do you want?'라는 의문문의 중심 부분을 이어서 말하면 됩니다.

'Do you want to buy shoes?' '신발을 사고 싶으세요?', 'What kind of shoes do you want?' '어떤 종류의 신발을 원하시는 데요?' 이 두 문장에서 알 수 있듯이, 의문사 혹은 의문사구가 의문문에 들어가든 안 들어가든 의문사의 중심 부분, 'do you want'라는 부분은 그대로 두고 그 앞에 의문사나 의문사구를 넣으면 되는 거랍니다.

	Do you want to buy shoes?	신발을 사고 싶으세요?
Where	do you want to buy shoes?	신발을 어디서 사고 싶으신데요?
Why	do you want to buy shoes?	왜 신발을 사고 싶은 거예요?
What kind of shoes	do you want (to buy)?	어떤 종류의 신발을 사고 싶으세요?

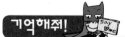 **기억해줘!**

어떤 종류의 뭔가에 대해 물어볼 때는 What kind of ~?를 떠올리세요.			
What kind of	clothes do you want	**?**	어떤 종류의 옷을 원하는 거야?
	present are you looking for		어떤 종류의 선물을 찾고 있나요?

This pair is the best hiking shoes. 이것이 가장 좋은 등산화입니다.

○ "This pair is the best hiking shoes." "이것이 가장 ~한 것입니다."

'pair'는 '한 쌍, 한 켤레, 한 벌'이라는 말이에요. 'pair'라고 할 수 있는 것들로는 '신발' 'shoes', '안경' 'glasses', '양말' 'socks', '장갑' 'gloves', '벙어리 장갑' 'mittens', '귀걸이' 'earrings' 등이 있죠.

'가장 좋은, 최고'의 어떤 것이라는 말은 'the best ~'라고 하시면 돼요.

Oh, do you think this book is the best English book? Thank you~~! 이 책이 최고의 영어책이라고 생각하신다구요? 감사합니다~~! ㅎㅎ

입이 열리는 영문법

▶ pair

영어에서는 한 켤레, 한 쌍을 이루는 것들을 'pair'라고 부르는데요, 어떤 것들이 있을까요? 두 짝이나 두 개가 한 쌍, 한 켤레를 이루는 것들 … 이런 것들 앞에 a pair of를 붙여서 'a pair of glasses, a pair of pants, a pair of shoes, a pair of socks, a pair of gloves, a pair of mittens'와 같이 말하기도 하구요, 이런 것들 모두 a pair라고만 할 수도 있어요.

중요한 것은! 'a pair of glasses' 혹은 'a pair'는 단수이기 때문에 단수 동사를 써야 한다는 거예요. 즉, 'A pair of glasses is on the table., A pair is on the table.' 처럼요. 그래서 등산화는 두 짝이지만 This pair 다음에 is를 써서, 'This pair is the best hiking shoes.'라고 한거예요. 그런데 pair로 나타내지 않고 hiking shoes만을 주어로 하면 'These hiking shoes are the best ~.'라고 복수 동사를 써야 합니다.

기억해줘!

한 쌍으로 이루어진 바지, 안경, 신발, 양말, 장갑 등은 pair라고 하면 됩니다.			
I'm looking for a pretty	**pair of**	pants.	예쁜 바지 한 벌 찾고 있어요.
Is this		glasses yours?	이 안경 네 거니?

They look great!

(신발이) 멋져 보이네요!

○ "They look great!" "~해 보여요."

'~가 …해 보이다'라는 말은 '**It looks ~.**' 혹은 '**They look ~.**'라고 하는데요, look 뒤에는 반드시 형용사나 형용사로 쓰일 수 있는 말이 온다는 것을 기억해 두세요.

신발은 두 짝이 한 켤레잖아요? 그래서 'They look great.'라고 하셔야 해요.

누군가가 멋지고 예쁘게 보인다면 이렇게 칭찬해 주세요. 'You look great!'라 구요.

 입이 열리는 영문법

▶ **look + 형용사**

'~이 어떻게 보인다, 어떻게 들린다, 어떤 맛이 난다'와 같은 우리말을 생각하면 영어로 도 look, sound, smell 다음에 어떻게에 해당하는 부사를 써야 할 것 같은 생각이 들죠. 하지만, 영어로 이런 말을 할 때는요, look, sound, smell 등의 뒤에 형용사를 써야 한 다는 것을 기억해 두세요.

They look **great**.
It sounds **perfect**.
This coffee smells **good**. 처럼요.

  기억해줘!

무엇이 어때 보인다는 말은 look을 떠올리고 뒤에 형용사를 이어 말하면 됩니다.		
You look	good.	좋아보이네요.
	sad.	슬퍼보여요.
	tired.	피곤해 보이세요.

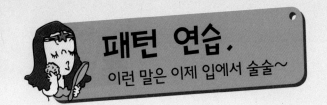

패턴 연습
이런 말은 이제 입에서 술술~

1

I'm looking for some shoes .

a. a shirt
b. a present
c. a pair of earrings

2

What kind of shoes do you want ?

a. clothes do you want
b. books do you want
c. present are you looking for

3

This pair is the best hiking shoes .

a. pants
b. glasses
c. gloves

4

They look great !

a. good
b. sad
c. tired

1. 도와 드릴까요? (help)

_____

2. 가방을 찾고 있는데요. (looking for, some bags)

_____

3. 난 책을 읽고 있어요. (read)

_____

4. 어떤 종류의 영화를 좋아하시나요? (kind, movies)

_____

5. 난 영어 숙제를 하고 있어요. (homework)

_____

6. 이것은 최고의 선글라스입니다. (pair, sunglasses)

_____

7. 예뻐 보이네요! (pretty)

_____

Words

- **help** 돕다, 도와주다 • **look for** ~을 찾다 • **some** 어떤, 좀 • **bag** 가방 • **read** 읽다
- **book** 책 • **kind** 종류 • **do one's homework** 숙제하다 • **pair** 켤레, 쌍 • **best** 가장 좋은, 최상의
- **sunglasses** 선글라스 • **look** ~해 보이다 • **pretty** 예쁜

영작 . upgrade

1   I'm + ~ing.

1. 저는 지금 공원에서 산책을 하고 있는 중이에요. (take a walk)

---

2. 저 지금 샤워하는데요. (take a shower)

---

3. 저 지금 저녁 먹고 있어요. (have dinner)

---

4. 저 회사(사무실)에서 일하는 중이에요. (work, office)

---

5. 저 제 방 청소하고 있어요. (clean)

---

2   I'm not + ~ing.

6. 저 전화 통화하고 있지 않는데요. (talk, on the phone)

---

7. 저 제 방에서 자고 있는 거 아니에요. (sleep)

---

8. 저 거짓말 하고 있는 거 아니라구요. (tell a lie)

---

9. 저 컴퓨터 게임 하고 있는 거 아니에요. (play a computer game)

---

10. 나 너 생각하고 있는 거 아니야. (think about)

---

3 Are you + ~ing?

11. 집에서 점심드시는 중이에요? (have lunch)

_____

12. 친구랑 테니스 치는 중이에요? (play tennis)

_____

13. 스포츠센터에서 운동 중이세요? (work out, gym)

_____

14. 소설을 쓰고 계시는 거예요? (write a novel)

_____

15. 외국에서 공부할까 생각 중이세요? (think about, study abroad)

_____

Try it ~ 대화 영작

A: 너 지금 어디 있어? 학교에 있어? (at school)

1. _____

B: 아니, 집이야. (home)

2. _____

A: 아침 먹고 있는거야? (have breakfast)

3. _____

B: 아니, 아침 먹고 있는 게 아니구. 머리 감고 있어. (wash my hair)

4. _____

A: 오늘은 집에 있을까 생각 중인거야? (think about, stay home)

5. _____

B: 응. 너무 피곤해. (really, tired)

6. _____

Can I help you?

 Yes, I'm looking for some shoes.

 I see. What kind of shoes do you want?

 I'm looking for good hiking shoes.

 Okay, this pair is the best hiking shoes.

 Oh, they look great!

여종업원: 도와 드릴까요?

민준: 예, 신발을 찾고 있는데요.

여종업원: 알겠습니다. 어떤 종류의 신발을 원하세요?

민준: 등산화를 찾고 있습니다.

여종업원: 예, 이것이 가장 좋은 등산화입니다.

민준: 오, 멋지네요!

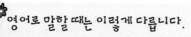 영어로 말할 때는 이렇게 답합니다.

효녀, 효자는 영어로 뭐라고 할까요? 아... 머리가 지끈거리시죠? ㅎㅎ 간단합니다. 'good'이라는 말을 넣어서 'She's a good daughter., He's a good son.'이라고 하시면 돼요. 아! 이렇게 간단할 수가! 그리고 어떤 상황에서 '이렇게 하는 것이 좋겠다, 그게 바람직한 방법이다'와 같이 말할 때도 good을 넣으면 간단히 해결됩니다. '너무 피곤할 때는 잠을 좀 자는 게 좋겠다.'고 말한다면, 'It's good to get some sleep when you're really tired.'가 되겠죠. 생각보다 쓰임새도 많고 유용한 good! 많이 애용해 주세요~~

The Reward of the Wicked (사악한 자의 대가)

An eagle and a vixen became friends and decided to live near each other to become closer friends. The eagle flew to the top of a very tall tree and laid her eggs there, while the vixen gave birth to her cubs in the woods below. One day, she went off to find food. The eagle, feeling hungry, flew down into the woods, grabbed the cubs, and made them a meal for her babies. The vixen came back and saw what happened. She wanted to punish the eagle. She wondered how she could attack a bird when she was an animal who walked on land. One day, some men were sacrificing a goat in a field, and the eagle flew down to the altar and took a burning piece to her nest. Just then, a strong wind blew the fire into a big flame on the dry wood the nest was made of. The birds were not fully grown; they were burnt and fell to the ground. The vixen ran there and ate every one of them while the eagle watched.

The point of this tale is that those who break a promise of friendship, even though the friend they have hurt is powerless to punish them, can't escape the justice of heaven.

이렇게 끊어 읽으면 쉬워요!

An eagle and a vixen / became friends / and decided to / live near each other / to become closer friends. /
독수리와 암여우가　　친구가 되었다　　그리고 하기로 했다　　서로 가까이에 살기로　　더 친한 친구가 되려고

The eagle / flew to the top of a very tall tree / and laid her eggs there, / while / the vixen /
독수리는　　아주 높은 나무의 꼭대기로 날아올라　　거기에 알을 낳았다　　반면　　여우는

gave birth to her cubs / in the woods below. / One day, / she went off / to find food. / The eagle, /
새끼를 낳았다　　아래 있는 숲 속에　　하루는　　여우가 나갔다　　음식을 찾으러　　독수리는

feeling hungry, / flew down into the woods, / grabbed the cubs, / and made them a meal /
허기져서　　숲으로 날아 내려왔다　　새끼들을 낚아채서는　　식사로 만들어버렸다

for her babies. / The vixen came back / and saw / what happened. / She wanted to /
자신의 새끼들을 위해　　여우는 돌아왔다　　그리고 보았다　　무슨 일이 일어났는지를　　그녀는 하고 싶었다

punish the eagle. / She wondered / how she could attack a bird / when she was an animal /
독수리를 벌을 주는 것을　　그녀는 모르겠다　　어떻게 새를 공격할 수가 있는지　　자기는 동물인데

who walked on land. / One day, / some men / were sacrificing a goat / in a field, /
땅 위에서 걷는　　어느 날　　어떤 사람들이　　염소를 희생시키고 있었다　　들판에서

and the eagle flew down / to the altar / and took a burning piece to her nest. / Just then, /
그리고 독수리가 날아 내려왔다　　제단으로　　그리고 불타는 한 조각을 둥지로 가져갔다　　바로 그때

a strong wind / blew the fire into a big flame / on the dry wood / the nest was made of. /
강풍이　　불을 큰 화염으로 만들었다　　마른 나무에 있는　　둥지가 만들어진

The birds were not fully grown; / they were burnt / and fell to the ground. / The vixen ran there /
새들은 아직 다 자라지 않아서　　타버렸다　　그리고 땅에 떨어졌다　　여우가 그리로 달려갔다

and ate every one of them / while the eagle watched. / The point of this tale / is that /
그리고는 다 먹어 치웠다　　독수리가 보는 가운데　　이 이야기의 주제는　　이것이다

those who break a promise of friendship, / even though / the friend they have hurt /
우정의 약속을 깨는 사람들은　　이럴지라도　　그들이 상처를 준 친구가

is powerless / to punish them, / can't escape / the justice of heaven.
힘이 없어도　　그들을 벌한　　피할 수 없다　　하늘의 정의를

해석

　독수리와 암여우가 친구가 되어 더 친하게 지내기 위해 가까이에서 살기로 하였다. 독수리는 아주 높다란 나무 꼭대기로 날아올라 거기에 알을 낳았고, 암여우는 그 아래 있는 덤불 숲에 자신의 새끼를 낳았다. 하루는 암여우가 먹이를 찾아 나섰다. 독수리는 배가 고픈 나머지 덤불 숲으로 내려와 여우의 새끼들을 낚아채서는 자신의 새끼들과 나눠 먹었다. 여우가 돌아와 이것을 알게 되었다. 여우는 독수리에게 앙갚음을 하고 싶었다. 땅에서 걸어다니는 동물인 자신이 어떻게 하늘을 나는 새를 공격할 수가 있단 말인가. 어느 날, 몇몇 사람들이 들판에서 염소를 구워 먹고 있었다. 그 때 독수리가 날쌔게 날아와 불에 타고 있는 염소 고기를 낚아 채서는 자신의 둥지로 날아갔다. 바로 그 때 강풍이 불어 둥지가 매달려 있는 바짝 마른 가지에 불이 붙게 되었다. 새들은 아직 날 수 있을 정도로 자라지 않아서 모두 불에 타서 땅으로 떨어졌다. 암여우는 그쪽으로 달려가서 독수리가 보고 있는 가운데 독수리 새끼들을 모두 먹어치웠다.

　이 이야기는 우정의 맹세를 깨뜨린 사람들은, 비록 그들이 상처를 준 친구가 그들을 혼내 줄 힘이 없다고 하더라도, 하늘이 내리는 천벌만은 피할 수 없음을 알려주고 있습니다.

Words

- **eagle** 독수리　• **vixen** 암여우　• **cub** 새끼　• **below** 아래에 있는　• **grab** 붙잡다　• **meal** 식사
- **punish** 처벌하다　• **violate** 위반하다, 어기다　• **sacrifice** 희생하다, 잡아먹다　• **goat** 염소　• **altar** 제단

Chapter 10

축제와 여가보내기

▶ **주제**
　과거에 무엇을 하고 있었는 지 말하기

▶ **포인트**
　과거진행형 시제로 말하기

● **그냥 말할 때:**
　누가 ~하고 있었다 언제
　■ 주어 + was/were + ~ing + when + 주어 +
　동사과거형.
● **물어볼 때:**
　누구는 ~하고 있었니 언제?
　■ Was/Were + 주어 + ~ing + when + 주어 +
　동사과거형?

I called you last night but you didn't answer the phone.

어젯밤에 전화했는데 전화를 받지 않더라구요.

○ **"I called you last night but you didn't answer the phone."** "전화했지만 ~."

'~에게 전화하다'라는 말은 'call + 누구'라고 합니다. 너한테 걸면 'call you', 어떤 남자에게 걸면 'call him', 어떤 여자에게 걸면 'call her'라고 하면 돼요. '전화를 걸었다'라는 과거형은 'called'라고 하시구요.

'last'는 순서상 '맨 마지막'이라는 뜻도 있지만, 'last night'은 '어젯밤'이라는 뜻입니다. '어제 아침'은 'yesterday morning', '어제 오후'는 'yesterday afternoon', '어젯밤'은 'yesterday evening'이라고 하지만, '지난 밤, 즉, 어젯밤'이라고 할 때는 'last night'이라고 하구요, '지난 토요일'은 'last Saturday'라고 해요. 반대로 '다음 ~'라고 할 때는 'next'를 씁니다. '다음 주 토요일'은 'next Saturday'가 되겠죠^^

'전화를 했는데 받지 않았다'처럼 '~하지 않았다'는 말은 'didn't'를 넣어서 해보세요.

입이 열리는 영문법

▶ **과거 시제**

이미 한 일, 했던 일은 과거 시제로 나타내는데요, call과 같은 동사의 과거형은 뒤에 ed를 붙여서 만들어요. 'call'은 '전화를 걸다', 'called'는 '전화를 걸었다'라는 뜻이죠. 그리고 '~하지 않았다'라는 과거의 부정을 나타낼 때는 어떤 주어든, 주어 다음에 didn't를 쓰고 동사원형을 이어 쓰면 됩니다. 네가 전화를 받았다면 answer의 과거형 answered를 써서 'You answered the phone.'이라고 하면 되고, 네가 전화를 받지 않았다는 말은 'You didn't answer the phone.'이라고 하면 돼요.

기억해줘!

~하지 않았다는 말은 didn't를 넣어 말하면 됩니다.		
Oh, I		turn off the computer.	어머, 컴퓨터를 안 껐네.
We	didn't	have breakfast yet.	우리 아직 아침 식사 안 했어.

I was listening to my favorite radio program.

내가 가장 좋아하는 라디오 프로그램을 듣고 있었어요.

○ **"I was listening to my favorite radio program."**

"~하는 중이었어."

과거의 어떤 시점에 내가 무엇을 하고 있는 중이었다라는 말은 'I was ~ing'와
같이 말하면 됩니다.

'listen to'는 '~을 듣다'라는 말인데 '음악을 듣는다' 'listen to music', '라디오를
듣는다' 'listen to the radio'는 통째로 외워두시는 게 좋겠어요.

What were you doing at 10 o'clock this morning? 오늘 아침 10시에 뭐하고
계셨나요? 생각해서 말해보세요~~

입이 열리는 영문법

▶ **과거진행형**

과거의 어느 시점에 무엇을 하고 있었다라는 말은 과거진행형이라는 시제로 나타내요. 지
금 하고 있는 동작을 나타내는 것이 현재진행형이죠? 과거에 하고 있었던 것을 나타내는
것이 과거진행형인데요, 주어에 맞게 was나 were를 쓰고, 동사원형에 ~ing를 붙인 것을
이어 쓰면 됩니다. 내가 좋아하는 라디오 프로그램을 듣고 있었다는 말을 하려면, 주어 I에
맞는 was를 쓰고, 듣다 listen에 ing를 붙인 listening을 이어서, 'I was listening ~.'이
라고 하면 되는거죠.

기억해줘!

	'내가 ~을 하고 있는 중이었다, ~을 하고 있었다'라는 말은 I was ~ing.를 떠올리세요.	
I was	**sending** an e-mail at that time.	난 그 때 이메일을 보내고 있는 중이었어.
	watching TV at that time.	난 그 때 TV를 보고 있었어.

A: Why did you call me? (저한테) 왜 전화했는데요?

B: I was wondering whether you're interested in music festivals. 음악 축제에 관심이 있는지 궁금해서요.

○ "Why did you call me?" "너는 왜 ~ 했니?"

'너는 왜 ~ 했니?'라고 물을 때 '**Why did you** ~?'라고 합니다. Why did you 다음에는 동사의 원형을 이어서 말하세요. 의문사인 Why로 시작된 문장이므로, 끝은 살짝 내려서 말하세요.

○ "I was wondering whether you're interested in music festivals." "~인지 궁금해 하고 있었어."

'내가 어떤 것에 대해 궁금해 하고 있었다'라는 말은 '**I was wondering whether** ~'라고 하시면 돼요.

'be interested in ~'은 '~에 관심이 있다, 흥미가 있다'라는 뜻입니다. 내가 궁금해 하고 있었던 것은 과거니까 과거진행형을 썼고, 네가 뮤직 페스티벌에 관심이 있다는 것은 원래 그 상대방의 성향, 취미와 관련된 것이어서 현재형을 썼습니다.

 입이 열리는 영문법

▶ whether

'whether'는 '~인지 아닌지'라는 뜻을 가지고 있어요. 그래서 'I was wondering whether 주어 동사 ~'라고 말하면 whether 이하의 여부에 '관심이 있다, 궁금하다'라는 말이 되죠. 문장 맨 뒤에는 or not을 넣을 수도 있고, 이 문장에서와 같이 생략해도 된답니다.

  기억해줘!

	'~인지 아닌지 궁금해하고 있었다'라는 말은, I was wondering whether ~.를 넣어 말하면 돼요.	
I was wondering whether	you could come to my birthday party.	내 생일 파티에 올 수 있는지 궁금했어.
	I could join you.	내가 너와 함께 가도 되는지 궁금했어.

A: Music festivals are usually held at night.

음악 축제는 대개 밤에 열리잖아요.

B: Days are getting shorter and shorter.

낮이 점점 더 짧아지고 있어요.

○ **"Music festivals are usually held at night."** "~하잖아요."

'hold'는 '(어떤 행사나 축제 같은 것을) 열다, 개최하다, 식을 올리다, 거행하다'라는 뜻인데, '(어떤 행사나 축제 등이) 개최된다/되었다'라고 할 때는 '~ is/was held'라고 합니다. 'usually'는 '보통, 주로'라는 말이구요.

 입이 열리는 영문법

▶ 수동태

'축제가 열린다, 무엇에 둘러싸여있다'와 같이 무엇이 어떻게 "하는" 것이 아니라, 어떻게 "되다"라고 말하는 것이 영어에서는 수동태라는 거예요. 즉, 주어가 어떤 동작을 "당하는, 받는"다고 말하는 방법이죠. 'hold'는 '대회나 축제 따위를 열다, 개최하다'라는 뜻인데, Music festivals, 음악 축제가 주어가 되면 음악 축제가 "여는" 것이 아니라 "열리는" 것이죠? 이럴 때 바로 수동태가 필요한 건데요. 수동태는 주어와 시제에 맞는 be동사를 쓰고, 동사의 과거분사형을 이어 쓰면 돼요.

○ **"Days are getting shorter and shorter."** "더 ~해지고 있어요."

낮이 더 짧아지고, 밤이 더 길어지고 … 이렇게 '어떤 것이 더 ~해지다'라는 말을 할 때는 get 다음에 형용사의 비교급을 이어주면 돼요. 'Days are getting shorter.' '낮이 점점 더 짧아진다.' 그런데 형용사의 비교급을 and로 이어서 두 번 쓰면 의미가 더 강해집니다. 'Days are getting shorter and shorter.'

  기억해줘!

행사가 열린다(열렸다)고 말하고 싶으세요? is/was held를 떠올리세요.	
월드컵은 4년에 한 번씩 열려요.	The World Cup **is held** every four years.
국제영화제가 지난 달에 부산에서 열렸어요.	The International movie festival **was held** in Busan last month.

1

You didn't answer the phone .

a. call me

b. have breakfast yet

c. turn off the computer

yet: 아직
turn off: 끄다

2

I was listening to my favorite radio program .

a. listening to music

b. watching TV at that time

c. sending an e-mail at that time

listen: 듣다
favorite: 좋아하는
program: 프로그램
at that time: 그때
send: 보내다

3

I was wondering whether you're interested in music festivals .

a. I could join you

b. I could go to the USA

c. you could come to my birthday party

festival: 축제
join: 함께 하다
USA: 미국

4

Music festivals **are usually held at night.**

a. The parties

b. Baseball games

c. Movie festivals

usually: 보통
be held: 열리다,
개최되다
baseball: 야구
movie: 영화

1. 난 피곤했지만 쉴 수가 없었다. (tired, take a break)

_____

2. 난 내가 가장 좋아하는 드라마를 보고 있었다. (favorite, soap opera)

_____

3. 거기에 왜 갔니? (there)

_____

4. 네가 미술에 관심이 있는지 궁금했어. (wonder, whether, arts)

_____

5. 올림픽은 대개 8월에 열려. (usually, held, August)

_____

6. 밤이 점점 더 길어지고 있어. (nights, get longer)

_____

Words

• **take a break** 쉬다 • **favorite** 가장 좋아하는 • **soap opera** 연속극 • **why** 왜 • **wonder** 궁금해하다 • **whether** ~ 인지 아닌지 • **be interested in ~** ~에 관심이 있다, 흥미가 있다 • **usually** 보통, 주로 • **hold** 개최하다, 열다, 올리다 • **August** 8월 • **get** 되다 • **long** 긴

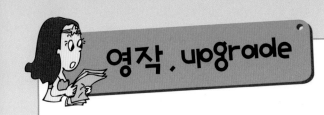

1   I was ~ing.

1. 저는 오늘 아침 7시에 자고 있었어요. (sleep, o'clock)

_____

2. 저는 어제 아침 10시에 조깅을 하고 있었는데요. (jog)

_____

3. 네가 나한테 전화했을 때 난 도서관에서 공부하고 있었어. (library, when)

_____

4. 네가 나한테 전화했을 때 난 집에서 점심을 먹고 있었어. (eat lunch)

_____

5. 저희 집에 오셨을 때 저희 부모님은 테니스를 치고 계셨어요. (parents, visit)

_____

2   I wasn't ~ing.

6. 저는 어젯밤 10시에 일하고 있지 않았어요. (work, last night)

_____

7. 저는 자정에 집에서 잠을 자고 있지 않았는데요. (sleep, at midnight)

_____

8. 저는 8시에 통화하고 있지 않았는데요. (talk on the phone)

_____

9. 저는 그 시간에 텔레비전을 보고 있지 않았어요. (at that time)

_____

10. 저한테 전화하셨을 때 저 컴퓨터 게임하고 있지 않았어요.
(play a computer game)

_____

3　Were you ~ing?

11. 제가 전화 드렸을 때 저녁 드시던 중이었나요? (have dinner, when)

_____

12. 우리가 도서관에서 공부할 때 너는 자고 있었던거야? (study, library)

_____

13. 어제 5시경에 사무실에서 일하던 중이셨나요? (work, office, about)

_____

14. 어제 아침 8시경에 공원에서 조깅을 하고 계셨나요? (yesterday)

_____

15. 제가 어제 전화 드렸을 때 운전 중이셨어요? (drive a car)

_____

Try it ~ 대화 영작

A: 여보세요, 나 준이야. 너 자고 있었니? (take a nap)

1. _____

B: 아니. 나 소설책 읽고 있었어. (read a novel)

2. _____

A: 울고 있었던거야? (cry)

3. _____

B: 응. 이 소설 정말 감동적이네. (really, touching)

4. _____

A: 제목이 뭔데? (title)

5. _____

B: 가만 있어봐... (let, see)

6. _____

Hey, Sumin. I called you last night but you didn't answer the phone.

 Oh, I was listening to my favorite radio program. Why did you call me?

 I was wondering whether you're interested in music festivals.

 I love music festivals!

 Really? Music festivals are usually held at night.

 Days are getting shorter and shorter. We need to enjoy the nightlife.

민준: 수민씨, 안녕하세요. 어젯밤에 전화했는데 전화를 받지 않더라구요.

수민: 아, 내가 가장 좋아하는 라디오 프로그램을 듣고 있었어요. 왜 전화했는데요?

민준: 수민씨가 음악 축제에 관심이 있는지 궁금해서요.

수민: 저, 음악 축제 정말 좋아해요!

민준: 정말요? 음악 축제는 대개 밤에 열리잖아요.

수민: 낮이 점점 더 짧아지고 있잖아요. 밤을 즐겁게 보내야죠.

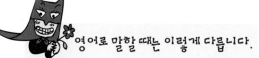

영어로 말할 때는 이렇게 다릅니다.

축제를 즐기며 마시는 맥주 한 캔, 커피 한 잔 이라고 말할 때 맥주나 커피와 같은 것들은 기본적으로 셀 수 없는 명사들이어서 앞에 단위를 붙여 말합니다. 'a can of beer, a cup of coffee, a glass of iced-coffee'처럼요. 그런데 일상회화에서는 앞의 단위를 떼어버리고 그냥 'a beer, a coffee, three beers, two coffees, Can I have one more beer? (맥주 한 잔 혹은 한 캔 더 주시겠어요?), Please get me another coffee. (커피 한 잔 더 주세요.)'처럼 말을 한답니다. 간단하죠?

Despise Not a Feeble Folk (약한 자라고 깔보지 마라)

A rabbit chased by an eagle was in need of help. The only creature in sight was a beetle, to which he asked for help. The beetle told him to take courage and when she saw the eagle approaching, she told her to spare the begging rabbit who had asked for protection. But the eagle, hating such a small creature, ate the rabbit before its eyes. The beetle held a grudge against her, and kept watching to see where the eagle made her nest. Every time she laid eggs, it flew up to the nest, rolled the eggs out, and broke them. Since she didn't want to keep moving, she asked Zeus for help and begged him to give her a safe place to hatch her chicks. Zeus allowed her to lay her eggs in his lap. But the beetle saw her; so it made a ball of poop, flew high above Zeus, and dropped it into his lap. Without stopping to think, Zeus got up to shake it off, and dropped the eggs. Ever since that time, they say eagles do not nest during the season when beetles are around.

This fable is a warning against hating anyone. You must remember that even the feeblest man, if you run over him in the mud, can find a way to get revenge.

이렇게 끊어 읽으면 쉬워요!

A rabbit / chased by an eagle / was in need of help. / The only creature in sight / was a beetle, /
토끼가　독수리에게 쫓기고 있는　도움이 필요했다　눈에 보이는 유일한 것은　풍뎅이였다

to which he asked for help. / The beetle told him / to take courage / and /
그에게 토끼는 도움을 청했다　풍뎅이는 토끼에게 말했다　용기를 가지라고　그리고

when she saw the eagle approaching, / she told her / to spare the begging rabbit /
독수리가 다가오는 것을 보고　독수리에게 말했다　애원하는 토끼를 봐달라고

who had asked for protection. / But the eagle, / hating such a small creature, / ate the rabbit /
자신에게 보호를 요청한　하지만 독수리는　조그만 놈을 업신여겨서　토끼를 잡아먹었다

before its eyes. / The beetle / held a grudge against her, / and / kept watching to see /
풍뎅이의 눈 앞에서　풍뎅이는　독수리에게 앙심을 품었다　그리고　계속 지켜보았다

where the eagle made her nest. / Every time she laid eggs, / it flew up to the nest, / rolled the eggs out, /
어디에 둥지를 만드는지를　독수리가 알을 낳을 때마다　풍뎅이는 둥지로 날아올라　알을 모두 굴려버렸다

and broke them. / Since she didn't want to / keep moving, / she asked Zeus for help /
그래서 깨뜨려버렸다　이렇고 싶지 않기 때문에　계속 옮겨다니기　독수리는 제우스에게 도움을 요청했다

and begged him / to give her a safe place / to hatch her chicks. / Zeus allowed her /
그리고 간청했다　안전한 곳을 달라고　자신의 새끼들을 부화할　제우스는 허락했다

to lay her eggs in his lap. / But the beetle saw her, / so / it made a ball of poop, / flew high above Zeus, /
독수리의 알을 자신의 무릎에서 낳도록　하지만 풍뎅이가 이를 보고　그래서　똥덩어리를 만들었다　제우스의 위로 높이 날아서

and dropped it / into his lap. / Without stopping to think, / Zeus got up / to shake it off, /
그것을 떨어뜨렸다　제우스의 무릎에　생각하지도 않고　제우스는 일어났다　그것을 털어내려고

and dropped the eggs. / Ever since that time, / they say / eagles do not nest / during the season /
그리고 알을 떨어뜨렸다　이 때 이후로는　사람들이 말한다　독수리가 둥지를 틀지 않는다고　계절 동안에는

when beetles are around. / This fable is a warning / against hating anyone. / You must remember that /
풍뎅이가 돌아다니는　이 우화는 경고입니다　누군가를 미워하는 데 대한　기억해야 합니다

even the feeblest man, / if you run over him in the mud, / can find a way / to get revenge.
아무리 미약한 사람이라도　너무 심하게 대하면　방법을 찾는다는 것을　복수를 할

해석

　독수리에게 쫓기던 토끼가 절실하게 도움이 필요했다. 눈에 들어온 유일한 것이라고는 풍뎅이밖에 없었고, 토끼는 풍뎅이에게 도움을 청했다. 풍뎅이는 용기를 내라고 격려해주고는, 독수리가 다가오는 것을 보자, 자신에게 도움을 청한 이 불쌍한 토끼를 살려달라고 말했다. 하지만 독수리는, 이렇게 조그만 체구를 업신여기고는 풍뎅이가 보는 앞에서 토끼를 집어 삼켰다. 풍뎅이는 독수리에게 앙심을 품고서 독수리가 어디에 둥지를 치는지 계속 지켜보았다. 독수리가 알을 낳을 때마다, 풍뎅이는 둥지로 날아 올라, 알을 모두 굴려 떨어 뜨려 깨뜨려버렸다. 독수리는 계속 옮겨 다닐 수도 없어서 제우스 신에게 도와달라고 애원하며 안전하게 새끼를 낳을 수 있는 둥지를 달라고 간청했다. 제우스는 독수리에게 자신의 무릎에서 알을 낳도록 허락했다. 하지만 풍뎅이는 독수리를 발견하고는 똥을 둥글게 뭉쳐가지고 제우스 신에게 날아가 무릎 위에 떨어뜨렸다. 생각할 겨를도 없이, 제우스 신은 그것을 털어내려고 일어섰고, 독수리의 알들을 떨어뜨리고 말았다. 그 일이 있은 후로는 독수리들이 풍뎅이가 날아다니는 계절에는 둥지를 짓지 않는다고 한다.

　이 우화는 누구를 얕보는 데 대한 경고입니다. 아주 힘없는 사람일지라도 그에게 너무 심하게 대하면 결국은 언젠가는 앙갚음을 할 수 있다는 것을 명심해야만 합니다.

Words

- **chase** 뒤쫓다　• **creature** 생물　• **in sight** 눈에 보이는　• **beetle** 딱정벌레　• **approach** 다가가다
- **protection** 보호　• **spare** 봐주다, 용서해주다　• **grudge** 원한, 유감　• **hatch** 알을 낳다　• **lap** 무릎
- **poop** 대변, 똥　• **shake it off** 털어내다　• **nest** 둥지를 틀다　• **feeble** 미약한, 힘없는　• **revenge** 복수

PART Ⅲ

Strengthen_강화

For three days.

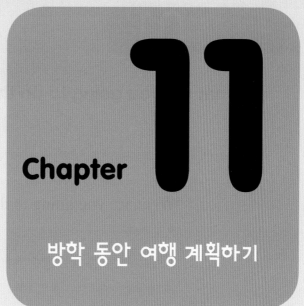

Chapter **11**

방학 동안 여행 계획하기

▶ **주제**

가까운 미래나 먼 미래에 대한 계획, 예정에 대한
대화하기

▶ **문법 포인트**

be going to나 be planning to를 넣은 평서문과
의문문

- **그냥 말할 때:**

  누가 ~할 것이다 언제
  - 주어 + be going to/be planning to + 동사원형
    + 미래 부사어.

- **물어볼 때:**

  누가 ~할 것이니 언제?
  - Be동사 + 주어 + going to + 동사원형 + 미래
    부사어?

What are you going to do this summer break?

이번 여름 방학 때 뭘 할 거예요?

○ **"What are you going to do this summer break?"**

"뭐 할 거예요?"

앞으로 어떤 것을 할 것인지, 예정 혹은 의지에 대해 물어볼 때는 '**What are you going to do?**'라고 하면 돼요. 그리고 그 다음에 언제를 나타내는 말을 연결해서 말하면 되죠.

'this summer break'에서, 'this'는 '이것'이라는 뜻이 아니라 '이번의, 다가오는'이라는 뜻으로 쓰인 거예요. 'this summer break'는 '이번 여름 방학, 이번 여름 휴가'가 되죠. 'break'는 '계속 일하다가 혹은 공부를 하다가 잠깐 그 흐름을 깨고(break), 쉬는 것, 즉, 방학이나 휴가'라는 의미예요.

여러분은 방학이나 휴가 때 뭘 하실 건가요? What are you going to do this summer break(this summer vacation)?

입이 열리는 영문법

▶ **의문사가 있는 미래를 나타내는 현재진행형**

'Are you going to ~?'라고 하면 상대방에게 ~할 것인지 아닌지를 묻는 의문문인데요, 이 앞에 What, Where, When, How 등의 의문사를 넣어서 무엇을, 어디서, 언제, 어떻게 ~할 것인지를 묻는 의문문으로 만들 수도 있어요. 'Are you going to go on a trip?'은 여행을 갈건지를 묻는 말이고, 'What are you going to do?'라고 하면 무엇을 할 것인지 묻는 의문문, 'Where are you going to go?'는 어디에 갈건지를 묻는 의문문, 'When are you going to leave?'는 언제 출발할 건지를 묻는 의문문, 그리고 'How are you going to get there?'라고 하면 거기에 어떻게 갈 건지를 묻는 의문문이 되죠.

기억해줘!

앞으로 할 일에 대해서 물을 때는 are you going to 를 떠올리셔서 앞에는 의문사를, to 뒤에는 적절한 동사를 넣어 물어보세요.

What		do tomorrow		내일 뭐 할건데?
Where	are you going to	go	?	어디 갈 생각이야?
When		come back		언제 돌아오려구?

I'm planning to visit my friend.

제 친구를 만나러 갈 계획이에요.

○ "I'm planning to visit my friend." "~할 계획이에요."

'plan'은 '~을 계획하다'라는 뜻으로 **I'm planning to ~**라고 하면 '어떤 것을 할 계획이다, 하려고 한다' 라는 말이에요.

입이 열리는 영문법

▶ **현재진행형**

지금 계획하고 있는 것, 생각하고 있는 것을 나타낼 때 현재진행형 시제를 쓰면 되는데요, 현재진행형은 원래 지금 하고 있는 동작을 나타내는 것이지만, 이렇게 '어떤 것을 계획하고 있다, 어떻게 하려고 생각 중이다'라고 할 때도 씁니다. 그래서, '무엇을 하려고 해, 생각 중이야'라는 말은 현재진행형 'I'm planning to 다음에 동사원형'을 이어서 말하거나 쓰면 돼요.

기억해줘!

앞으로 하려고 계획한 것에 대해 말할 때는 I'm planning to 다음에 동사를 이어서 표현하세요.		
I'm planning to	get a plastic surgery.	나 성형수술 받을 생각이야.
	move to Ilsan.	나 일산으로 이사 가려고 해.

A: How long are you going to stay with your friend?

친구와 얼마나 오래 있을 건데요?

B: For three days.

3일 동안요.

○ "How long are you going to stay with your friend?"
"얼마나 오래 ~?"

'얼마나 오래 ~'인지 기간을 물을 때는 'How long ~?'으로 시작해서 물어보세요. 얼마나 오래, 얼마 동안 어떤 것을 할 것이지를 물으려면 'How long are you going to ~?'이라고 하면 됩니다. 'stay with your friend'는 '너의 친구와 함께 지낸다'는 말이죠.

○ "For three days." "~동안."

'~동안'이라는 기간을 나타낼 때는 for 다음에 숫자로 된 말을 이어쓰면 돼요. 2주 동안? For two weeks. 5개월 동안? For five months. 10년 동안? For ten years. 이렇게요.

입이 열리는 영문법

▶ for와 during

'for'를 써서 '얼마 동안'이라는 기간을 나타낼 수 있는데요, 'for' 다음에는 숫자로 된 기간을 이어 말하면 됩니다. 'for three days' '사흘 동안', 'for two months' '두 달 동안', 'for ten years' '10년 동안' 처럼요.
반면, 'during'을 써서 기간을 나타낼 수도 있는데요, during 다음에는 기간을 나타내는 명사를 씁니다. 'during the summer vacation' '여름 방학 동안', 'during Chuseok holiday' '추석 연휴 동안'과 같이 말이죠.

기억해줘!

하나, 얼마나 시간이 걸리는지? 얼마 동안 뭘 할 건지에 대해 물어볼 때는 How long으로 시작하세요~~			
How long	does it take	?	(시간이) 얼마나 걸려요?
	will you be here		여기서 얼마나 있으려구?
	are you going to stay in Rome		로마에서 얼마나 있으려구?
둘, 몇 시간 동안? 며칠 동안? 몇 달 동안? 이런 건 모두 For ~~~~s 라고 말하면 됩니다.			
For	ten hours.		열 시간 동안.
	five months.		다섯 달 동안.

A: I can give you a ride. 제가 태워다 드릴 수 있어요.

B: Oh, that sounds good! 아, 그거 좋은데요!

○ "I can give you a ride." "제가 태워다 드릴 수 있어요."

'give + 누구 + 무엇'의 순서로 쓰면 '누구에게 무엇을 주다'라는 뜻이에요. 'give + 누구 + a ride'는 '누구를 태워 주다'란 뜻으로 회화에서 많이 쓰이니까 기억해두세요. '나 좀 태워다 줄 수 있어?' 'Can you give me a ride?' '제 친구가 태워다 줬어요.' 'My friend gave me a ride.' 이런 식으로요.

입이 열리는 영문법

▶ 가능을 나타내는 can

조동사 can은 '(어떤 것을) 할 수 있다, 할 줄 안다'라는 능력을 나타내기도 하지만, '내가 ~해 줄 수 있는데... 내가 어떻게 해 드릴 수 있는데요'와 같은 의미를 나타내기도 합니다. 'I can help you.' '제가 도와드릴 수 있는데요.', 'I can take you home.' '제가 집까지 바래다 드릴 수 있어요.'와 같이 유용하게 쓸 수 있습니다.

○ "Oh, that sounds good!" "그거 좋죠!"

'That sounds good!'은 상대방이 한 말이나 제안에 동의하거나 찬성할 때 많이 쓰는 표현입니다. 기분 좋게 쓰는 표현이죠. good 대신에 great을 써도 돼요.

 기억해줘!

하나, 상대방에게 내가 뭘 해 주고 싶다구요? 그럼, I can ~ 이라고 말해보세요.		
I can	give you a hand.	내가 도와줄 수 있는데...
	show you around.	내가 구경시켜 드릴게요.
둘, 상대방의 말에 반응을 하고 싶으세요? sound 다음에 여러분이 느낀 것을 연결해서 말해보세요.		
That sounds	strange.	그 얘긴 좀 이상하다.
	perfect.	그 말 참 완벽한 것 같아.

1

What are you going to do this summer break **?**

a. tomorrow

b. next year

c. next Saturday

> break: 휴가
> tomorrow: 내일
> next: 다음

2

I'm planning to visit my friend **.**

a. go on a trip

b. move to Ilsan

c. get a plastic surgery

> go on a trip: 여행하
> 다
> move: 이사가다
> plastic surgery: 성
> 형수술

3

How long are you going to stay with your friend **?**

a. does it take

b. will you be here

c. are you going to stay in Rome

> take: 걸리다
> be here: 여기에 있다
> stay: 머물다

4

That sounds good **.**

a. great

b. perfect

c. strange

> great: 훌륭한
> perfect: 완벽한
> strange: 이상한

1. 너는 내년에 무엇을 할 거야? (next year)

_____

2. 난 수영을 배우려고 계획하고 있어. (plan, learn, swim)

_____

3. 이번 학기에 무엇을 배우려고 계획하고 있니? (semester)

_____

4. 난 내년 봄에 유럽에 갈 계획이야. (Europe, next, spring)

_____

5. 너 내일 비행기 탈 계획이니? (fly)

_____

6. 얼마나 오래 세계 여행할 거니? (travel, world)

_____

7. 일년 동안. (year)

_____

Words

- **next year** 내년 • **plan** 계획하다, 하려고 하다 • **learn** 배우다 • **this** 이번, 돌아오는
- **semester** 학기 • **spring** 봄 • **fly** 비행기로 가다 • **for** ~동안

1   I'm going to + 동사원형.

1. 저는 중국어를 배울 거예요. (learn, Chinese)

_____

2. 저는 이번 여름에 우리 조부모님을 찾아 뵐 예정이에요. (grandparents)

_____

3. 저는 올해 수영을 배우려고 해요. (swimming)

_____

4. 저는 이번 달에 5킬로그램을 뺄거예요. (lose)

_____

5. 저는 그 회사에 이메일을 보내려고 해요. (send an e-mail, company)

_____

2   Are you going to + 동사원형?

6. 그 일을 하실 거예요? (take the job)

_____

7. 어머님께 전화를 드리실 건가요? (call)

_____

8. 이번 여름 휴가 동안 집에 계실 거예요? (stay, during, vacation)

_____

9. 너 그 옷 살 거야? (buy, dress)

_____

10. 너 댄스 수업 등록할거니? (sign up for, dance class)

_____

3 의문사 + are you going to + 동사원형?

11. 몇 시에 출발하실 거예요? (leave)

_____

12. 언제 모이실 거예요? (get together)

_____

13. 여름 휴가를 어디서 보내실 거예요? (spend)

_____

14. 너는 왜 남자 친구랑 헤어질 건데? (leave)

_____

15. 공항까지 어떻게 가시려구요? (get, airport)

_____

Try it ~ 대화 영작

A: 이번 주말에 뭐 하실 거예요? (weekend)

1. _____

B: 저희 집 청소를 하려구요. (clean)

2. _____

A: 얼마 동안 집 청소를 하실건데요?

3. _____

B: 다섯 시간 정도요. (about)

4. _____

A: 집 청소 하신 후에 집에 계실건가요? (stay home, after)

5. _____

B: 아니오, 친구랑 배드민턴 칠 거예요. (play badminton)

6. _____

가까운 미래나 먼 미래에 대한 계획, 예정에 대한 대화

 What are you going to do this summer break?

 I'm planning to visit my friend.

 How long are you going to stay with your friend?

 For three days.

 Can I come with you? I can give you a ride.

 Oh, that sounds good!

민준: 이번 여름 방학 때 뭐 할 거예요?

수민: 제 친구를 방문하려고요.

민준: 친구와 얼마나 오래 있을 건데요?

수민: 3일 동안요.

민준: 제가 함께 가도 될까요? 태워다 드릴 수 있는데요.

수민: 아, 그거 좋네요!

 영어로 말할 때는 이렇게 다릅니다.

누구를 사귄다는 말에는 꼭 date를 넣지 않아도 됩니다. 먼저, '누구 사귀는 사람 있으세요?'라는 말은 'Are you seeing anyone?'이라고 할 수 있구요. '나 지민이랑 사귀고 있어.'라는 말은, 'I go out with Jimin.' 이라고 하면 돼요. 'go out with + 누구'라는 말이, '누구랑 사귄다'는 말이거든요. 어떤 사람이랑 사귀고 있느냐는 말은, 'Do you go out with ~?'라고 하면 되구요.

다시 읽는 명작

Honesty Is the Best Policy (정직이 최선의 방책)

A man cutting wood on a riverside lost his axe in the water. He could not get it, so he sat down on the bank and began to cry. Hermes appeared and asked what was wrong. Feeling sorry for the man, he dived into the river, brought back a gold axe, and asked him if that was the one he lost. When the woodcutter said it was not, Hermes dived again and brought up a silver one. The man said that was not his. So he went down a third time and came up with the woodcutter's axe. "That's the right one," he said; and Hermes was so happy with his honesty that he gave the other two axes as presents as well. When the woodcutter came back to his friends and told them his experience, one of them thought he would do the same thing. He went to the river, threw his axe into it, and sat down and cried. Hermes appeared again; and hearing that he lost his axe, he dived in, and brought back a gold axe and asked if it was the one he lost. "Yes, it is," the man said happily. The god was so shocked at his lie that he didn't give him it or get his lost axe.

This fable shows that heaven is fair in punishing a liar and helping an honest man.

이렇게 끊어 읽으면 쉬워요!

A man / cutting wood / on a riverside / lost his axe / in the water. / He could not get it, / so /
한 남자가　　　나무를 베는　　　강가에서　　　도끼를 잃어버렸다　　물에서　　　그는 도끼를 찾을 수가 없었다　그래서

he sat down on the bank / and / began to cry. / Hermes appeared / and asked / what was wrong. /
　　그는 강둑에 앉았다　　그리고　　울기 시작했다　　　헤르메스가 나타났다　　그리고 물었다　　무슨 일이냐고

Feeling sorry for the man, / he dived into the river, / brought back a gold axe, / and asked him /
　　남자를 불쌍하게 느껴서　　　헤르메스는 물속으로 뛰어들었다　　　그리고 금도끼를 건져올렸다　　　그리고 남자에게 물었다

if that was the one he lost. / When the woodcutter said / it was not, / Hermes dived again / and
　　그것이 잃어버린 도끼냐고　　　나무꾼이 말했을 때　　　그것이 아니라고　　헤르메스는 다시 물속으로 뛰어들었다　그리고

brought up a silver one. / The man said / that was not his. / So / he went down a third time /
　　그리고 은도끼를 건져올렸다　　　남자는 말했다　　그것이 자기 것이 아니라고　그래서　　헤르메스는 세 번째로 뛰어들었다

and came up with the woodcutter's axe. / "That's the right one," / he said; /
　　그리고 나무꾼의 도끼를 가지고 왔다　　　그것이 맞습니다　　　남자가 말했다

and Hermes was so happy with his honesty / that he gave the other two axes / as presents / as well. /
　　그리고 헤르메스는 그의 정직에 너무나 기뻐서　　　다른 두 개의 도끼를 주었다　　선물로　　또한

When the woodcutter came back to his friends / and told them his experience, / one of them thought /
　　나무꾼이 친구들에게 돌아왔을 때　　　그리고 그의 경험담을 말했을 때　　　그들 중 하나가 생각했다

he would do the same thing. / He went to the river, / threw his axe into it, / and sat down / and cried. /
　　똑같이 해봐야지 하고　　　그는 강으로 갔다　　　도끼를 물속에 던졌다　　그리고 앉았다　　그리고는 울었다

Hermes appeared again; / and hearing that / he lost his axe, / he dived in, / and brought back a gold axe/
　　헤르메스가 다시 나타났다　　그리고 듣고 나서　그가 도끼를 잃어버렸다는 것을　헤르메스는 뛰어들었다　그리고 금도끼를 가져왔다

and asked / if it was the one he lost. / "Yes, it is," / the man said happily. / The god / was so shocked /
그리고 물었다　　그것이 잃어버린 것이냐고　　그렇습니다　　남자는 기뻐서 말했다　　신은　　너무 충격을 받았다

at his lie / that he didn't give him it / or / get his lost axe. /
그의 거짓말에　　그래서 그것을 그에게 주지 않았다　더구나　그가 잃어버린 도끼도 (주지 않았다)

This fable shows that / heaven is fair / in punishing a liar / and / helping an honest man. /
　이 우화는 보여줍니다　　하늘은 공평하다고　거짓말쟁이를 벌 줄 때나　그리고　정직한 이를 도울 때나

해석

　　강가에서 나무를 베고 있던 사람이 물 속에 도끼를 빠뜨리고 말았다. 그는 도끼를 찾을 수가 없었고, 강둑에 주저앉아 울기 시작했다. 헤르메스가 나타나서 무슨 일이냐고 물었다. 나무꾼을 가엾게 여긴 헤르메스는 강물로 뛰어 들어서는 금도끼 하나를 가져와서, 이것이 잃어버린 그 도끼냐고 물었다. 나무꾼이 아니라고 말하자, 헤르메스는 다시 물 속으로 뛰어 들어가 은도끼 하나를 건져 왔다. 나무꾼은 그것도 자신의 것이 아니라고 말했다. 그러자 헤르메스는 세 번째로 물 속에 들어가서 나무꾼의 도끼를 찾아가지고 왔다. "그것이 바로 제 것입니다." 나무꾼은 말했다. 헤르메스는 나무꾼의 정직함에 감탄하여 나머지 두 개의 도끼마저 그에게 선물로 주었다. 나무꾼이 친구들에게 이 이야기를 들려주었고, 친구들 중 한 명이 자기도 똑같이 해보리라 마음먹었다. 그는 강가로 가서는 자신의 도끼를 물 속에 던져버리고 주저 앉아 울었다. 헤르메스가 다시 나타나서, 도끼를 잃어버린 사연을 듣는 물 속에 들어가서 금 도끼를 가지고 와서는 이 도끼가 잃어버린 것이 맞느냐고 물었다. "네, 그렇습니다." 라고 남자는 기뻐하며 말했다. 헤르메스 신은 그의 거짓말에 기가 막혀서 금도끼도 주지 않고 그가 잃어버린 도끼도 찾아주지 않았다.

　　이 이야기는 하늘이 공평하게, 거짓말하는 사람은 벌을 하고 정직한 사람은 도와준다는 것을 말해줍니다.

Words

- **ax** 도끼 ● **bank** 둑, 제방, 은행 ● **Hermes** 헤르메스 신 ● **dive** 물 속으로 뛰어들다, 다이빙하다
- **bring up** 가져오다 ● **honesty** 정직 ● **do the same thing** 똑같이 하다 ● **appear** 나타나다

days ago.

Chapter 12

고장나거나 망가진 것
수리 요청하기

▶ **주제**

1. 의지나 계획한 바, 생각하고 있는 것을 표현하기
2. 일상생활 속에서 일어날 수 있는 여러 가지 문제
   에 대해 말하고 해결책을 제시하는 방법 익히기

▶ **문법 포인트**

조동사 will을 넣어 묻고 대답하기

● **그냥 말할 때:**

누가 ~할 것이다 언제
■ 주어 + will + 동사원형 + 미래 부사어.

● **물어볼 때:**

누가 ~할 것인가? 언제
■ Will + 주어 + 동사원형 + 미래 부사어?

A: The faucet in my kitchen is leaking.

우리 집 주방 수도가 새고 있어요.

B: Oh, my.

저런.

○ **"The faucet in my kitchen is leaking."** "~가 새고 있어요."

주방에 있는 수도꼭지, 수도를 the faucet이라고 하는데요, 'The faucet in my kitchen'이라고 하면 우리 부엌에 있는 주방 수도꼭지를 가리키는 겁니다. 우리 집 주방 수도꼭지가 지금 새고 있는 중이라는 말이죠.

입이 열리는 영문법

▶ **현재진행형**
'지금 어떤 동작이 진행되고 있다, 어떻게 되고 있는 중이다'라고 할 때 현재진행형 시제를 쓰는데요, 주어에 맞는 be동사를 쓰고 동사원형에 ~ing를 붙인 형태를 이어 쓰면 됩니다. 'The faucet in my kitchen is leaking.'에서 'The faucet in my kitchen'이 주어인데요, 구체적으로는 'The faucet'이라는 단수형이 주어이기 때문에 '수도꼭지가 지금 새고 있는 중이다'라고 할 때, be동사는 'The faucet'에 맞게 'is'를 써서 'The faucet in my kitchen is leaking.'이라고 한 거예요.

○ **"Oh, my."** "아이고, 이런."

'Oh, my.'는 '아이고, 저런, 이것 참' 같이 놀랍거나 안타까울 때 쓰는 표현이에요. Oh, my God!, Oh, my goodness! 라고 말하기도 합니다.

기억해줘!

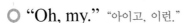

물이, 가스가, 보트를 타는 데 물이 새어 들어와요? is leaking을 떠올리세요.	
이런! 보트에 물이 새요.	Oh, no! The boat **is leaking**.
파이프에서 가스가 새네요.	The pipe **is leaking** gas.

A: When did that start? 언제부터 그랬는데요?

B: A few days ago. 며칠 전 부터요.

○ "When did that start?" "언제 ~ 했니?"

'언제 ~했니?'라고 때를 물을 때는 'When did + 주어 + 동사원형?'의 순서로
말하면 돼요. 여기에서 that은 앞서 말한 '주방 수도가 새는 것'을 말하죠.

입이 열리는 영문법

▶ 의문사가 있는 과거의문문
어떤 것을 했는지 여부를 묻는 과거의문문이 'Did + 주어 + 동사원형 ~?'인데요, 여기에
의문사를 넣을 때는 의문사를 맨 앞에 두면 됩니다. 언제 ~했는지를 묻는다면 'When did
+ 누구 + 동사원형 ~?'이라고 하면 되죠. '너 언제 돌아왔어?' 'When did you come
back?', '미나가 언제 전화했든?' 'When did Mina call you?'처럼 말이죠.

○ "A few days ago." "며칠 전에요."

'며칠 전에'라는 말은 'A few days ago.'라고 지금 당장 외워두세요. 그럼 '몇 달
전에'라는 말은? 'A few months ago.'겠죠. '몇 년 전에'라는 말은, 'A few years
ago.'라고 하면 되구요.

기억해줘!

하나, 언제 ~했는지를 묻고 싶을 땐 When did ~?를 떠올리세요.			
When did	you come to Korea	?	언제 한국에 오셨어요?
	that happen		그 일이 언제 일어났는데?
둘, 몇 시간 전에, 며칠 전에, 몇 달 전에, 몇 년 전에? 이런 건 모두 ~ ago로 해결됩니다.			
Three hours	**ago.**		3시간 전에.
Five years			5년 전에.

I'll be there as soon as possible.

제가 가능한 한 빨리 그리로 갈게요.

○ **"I'll be there as soon as possible."** "가능한 한 ~"

'I'll be there'를 그대로 직역하면 '내가 그곳에 있을 것이다'가 되지만, 실제 의미는 '내가 그리로 가겠다, 금방 그쪽으로 가겠다'라는 말이에요. "갈게~" 라고 말하고 싶을 때는 'I'll be there.'라고 하세요.

'가능한 한 빨리'라는 말이 **'as soon as possible'**이에요. 줄여서 ASAP라고 쓰고 읽기도 합니다. 'as soon as I can'이라고 쓰기도 하고요.

'금방 갈게.' 하는 말은, 'I'll be right there.'라고 할 수도 있어요. Oh, you need my help? 제 도움이 필요하세요? I'll be right there. 금방 가지요~~~

입이 열리는 영문법

▶ 주어와 조동사의 축약형
주어와 조동사는 짧게 줄여서 쓰거나 말할 수 있어요. I will은 I'll 로, You will은 You'll 로, They will은 They'll 로, We will은 We'll 로, She will은 She'll 로, He will은 He'll 로 줄일 수 있습니다. It will은 It'll이라고 줄여 쓸 수 있죠.

기억해줘!

'가능한 한 빨리(시간상으로), 빠르게(속도상으로), 가능한 한 많이'와 같은 말들은 'as ~ as possible'을 떠올려 표현하세요.

Run		fast		가능한 한 빨리 뛰어봐.
Sleep	as	long	as possible.	가능한 한 많이 자.

A: It's very noisy!　　　　　　　너무 시끄러워요!

B: I'll get that fixed for you right away.

　　　　　　　　　　　　　　제가 당장 고쳐 드릴게요..

○ "It's very noisy!" "매우 ~하다."

It's는 의미가 없는 말이구요, 지금의 날씨, 상태, 시끄러운 정도 등등 어떤 것을 가리키는 말도 뒤에 이어서 말할 수 있어요. 추우면 It's cold., 어두우면 It's dark., 시끄러우면 It's noisy.라고 하면 되죠.

○ "I'll get that fixed for you right away." "~를 고쳐 줄게."

고장난 것이나 문제가 있는 것을 고쳐주겠다고 할 때는 'I'll get that fixed.'라고 하면 됩니다. 컴퓨터가 고장났다구? I'll get that fixed. 어머 … 자전거가 고장났니? Don't worry. I'll get it fixed. 이런 식으로요.
그리고 'for you'는 '너를 위해서, 당신을 위해서'라는 말이고, 'right away'는 '당장, 지금 바로'라는 말이에요.

▶ get이 있는 수동태
'어떤 것이 어떻게 되도록 하다, 시키다'라는 말은, get 다음에 목적어를 쓰고 동사의 과거분사를 써서 나타낼 수 있어요. '고장난 그것을 내가 고쳐주겠다'는 말은 'I'll fix that.'이라고 할 수도 있지만, 고장난 그것에 중점을 두어서, '내가 그것이 고쳐지도록 하겠다'라고 말할 때 get을 넣어요. 'I'll get that fixed.' 같이요. 'I'll get' '내가 그렇게 하겠다', 'that' '그것이', 'fixed' '고쳐지도록, 수리되도록 하겠다'라는 말이에요.
get 다음에 있는 that이 fix되는 거니까 과거분사 fixed를 쓴다는 것을 기억하세요.

무엇이 어떻게 되게 한다는 말은 'get + 무엇 + 과거분사'의 순서로 말해보세요.		
I'll **get**	it **done** right away.	내가 이걸 당장 끝낼게.
	this room **cleaned**.	제가 이 방 청소하도록 할게요.

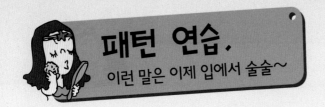
1

The faucet in my kitchen **is leaking.**

a. The boat

b. The pipe

c. The roof

> **faucet:** 수도꼭지
> **leak:** 새다
> **pipe:** 파이프
> **roof:** 지붕

2

When did that start ?

a. you come back

b. you come to Korea

c. that happen

> **come back:** 돌아
> 오다
> **happen:** 발생하다

3

I'll be there **as** soon **as possible.**

a. swim, fast

b. run, fast

c. sleep, long

> **possible:** 가능한
> **sleep:** 잠을 자다

4

I'll get that fixed for you right away .

a. it done right away

b. this room cleaned

c. that work done

> **fix:** 수리하다
> **right away:** 바로,
> 즉시

1. 내 세탁기가 새고 있어. (washer, leak)

_____

2. 네 보고서를 언제 끝냈니? (finish, report)

_____

3. 몇 시간 전에. (ago)

_____

4. 내일 집에 있을 거니? (stay)

_____

5. 내가 너에게 전화할게. (give a call)

_____

6. 매우 붐비는구나! (crowded)

_____

7. 내가 일이 되도록 할게. (get, job)

_____

Words

- **washer** 세탁기 • **leak** 새다 • **finish** 끝내다 • **hour** 시간 • **give someone a call** 전화하다
- **very** 아주, 매우 • **crowded** 붐비는 • **get** ~하게 하다 • **job** 일

1 I'll + 동사원형.

1. 내가 공항에서 너희 여동생을 태워올게. (pick up, airport)

_____

2. 제가 바로 그쪽으로 갈게요. (right away)

_____

3. 제가 가능한 한 빨리 전화드리도록 할게요. (soon, possible)

_____

4. 제가 당신을 위해서 스케줄을 바꿀게요. (change, schedule)

_____

5. 제가 다섯 명 자리를 예약하겠습니다. (make a reservation, people)

_____

2 I'll not ~.

6. 나는 그 동아리에 가입하지 않을 거야. (join)

_____

7. 나는 이번에는 너랑 함께 가지 않을래. (come, this time)

_____

8. 나는 너의 충고를 따르지 않겠어. (follow, advice)

_____

9. 나는 이쪽으로 가지 않을래. (this way)

_____

10. 오늘은 나가서 먹지 않을래요. (eat out)

_____

3 Will you ~?

11. 오늘 오후에 저희 집에 오실래요? (this afternoon)

_____

12. 정말 그 일을 하실거예요? (really, take, job)

_____

13. 내일 그분에게 전화하실거예요? (give a call)

_____

14. 너 직접 컴퓨터를 고칠 거니? (fix, for yourself)

_____

15. 이 책 대출하실건가요? (check out)

_____

Try it ~ 대화 영작

A: 너 컴퓨터 새로 살거니? (buy)

1. _____

B: 응, 용산에서 노트북을 새로 사려구. (laptop computer)

2. _____

A: 쓰던 컴퓨터는 친구한테 줄거니? (old computer)

3. _____

B: 아니, 안 그럴거야. 버리려고 해. 너무 낡았어. (throw away, too, old)

4. _____

A: 정말 버릴거니? (really)

5. _____

B: 응, 그럴거야.

6. _____

The faucet in my kitchen is leaking.

 Oh, my, when did that start?

 A few days ago. Can you fix it?

 Yes, I'll be there as soon as possible.

 Thank you. It's very noisy!

 I'm sure it is. I'll get that fixed for you right away.

수민: 우리 집 부엌의 주방 수도가 새고 있어요.

민준: 저런, 언제부터 그랬나요?

수민: 며칠 전 부터요. 고칠 수 있으시겠어요?

민준: 네, 제가 가능한 한 빨리 그리로 가겠습니다.

수민: 감사합니다. 너무 시끄러워요!

민준: 그러겠네요. 제가 당장 고쳐 드릴게요.

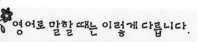

영어로 말할 때는 이렇게 다릅니다.

흔히 머리를 잘랐다는 말을 할 때 'I cut my hair.'라고 하는데요, 이건 참 이상한 표현이랍니다. 이 말 그대로라면, 내가 나의 머리카락을 잘랐다는 말이거든요. 내 머리를 자른 건 맞지만, 다른 사람이 잘라줬으므로, 'I got my hair cut.' 혹은 'I got a haircut.'라고 하는 게 맞죠. 그리고 염색을 했다면, 'I got my hair colored.'라고 하고 펴머를 했다면, 'I got my hair permed.'라고 하시면 됩니다. 브릿지를 하셨다구요? 아해! bleach, 탈색을 하셨다는거죠? 그건, 'I got my hair bleached.'라고 하시면 돼요.

Spare the Rod and Spoil the Child
(매를 아끼면 아이를 망친다)

A schoolboy stole his classmate's notebook and took it to his mother, who instead of punishing him, praised him. Another time, he brought her a stolen coat, and she again praised him, even more highly. When he grew up to be a young man, he went out and did more serious thefts. But one day, he was caught in the act, and as a result, his hands were tied behind his back and led off to be executed. His mother went to him, sad, and he said he wanted to whisper something in her ear. The moment she went up to him, he bit his mother's ear. She scolded him for his bad behavior. Unlike the other crimes he committed, he had now done great bodily harm to his mother. "You should have punished me when I committed my first crime and brought you the notebook I stole," he said. "Then I would not have ended up with this execution."

No punishment leads criminals to be bad to worse.

이렇게 끊어 읽으면 쉬워요!

A schoolboy / stole his classmate's notebook / and took it / to his mother, / who /
어떤 학생이　　　자기 반 친구의 공책을 훔쳤다　　　그리고 가져갔다　　　엄마에게　　　엄마는

instead of punishing him, / praised him. / Another time, / he brought her / a stolen coat, / and /
그를 혼내는 대신　　　　그를 칭찬했다　　　또 한 번은　　　그녀에게 가져갔다　　　훔친 코트를　　　그리고

she again praised him, / even more highly. / When he grew up / to be a young man, / he went out /
엄마는 또 그를 칭찬했다　　　훨씬 더 높이　　　그가 자라서　　　청년이 되었다　　　그는 나가서

and did more serious thefts. / But one day, / he was caught in the act, / and as a result, /
더 심한 절도를 했다　　　하지만 하루는　　　현장에서 잡혔다　　　그리고 결과적으로

his hands were tied behind his back / and led off to be executed. / His mother went to him, /
그의 손은 등 뒤로 묶여서　　　처형장으로 끌려갔다　　　그의 엄마는 그에게 갔다

sad, / and he said / he wanted to whisper something / in her ear. /
슬퍼하며　그리고 그는 말했다　　　뭔가를 귀에 속삭이고 싶다고　　　그녀의 귀에

The moment she went up to him, / he bit his mother's ear. / She scolded him /
그녀가 그에게 가까이 다가온 순간　　　그는 엄마의 귀를 깨물었다　　　엄마는 그를 꾸짖었다

for his bad behavior. / Unlike the other crimes / he committed, / he had now done /
나쁜 행동에 대해　　　다른 나쁜짓들과 달리　　　그가 저질렀던　　　그는 행동을 했다

great bodily harm / to his mother. / "You should have punished me /
신체에 큰 해를　　　그의 엄마에게　　　저를 혼내셨어야죠

when I committed my first crime / and brought you the notebook / I stole," / he said. / "Then /
제가 처음에 죄를 저질렀을 때　　　엄마에게 공책을 가져갔을 때　　　제가 훔쳤던　그가 말했다　　　그러면

I would not have ended up / with this execution." / No punishment / leads criminals /
이렇게 끝나지는 않았겠죠　　　처형을 당하면서　　　어떤 처벌도　　　범죄를 이끌지 않는다

to be bad to worse.
나쁜 것에서 더 나쁘게

해석

　　어떤 학생이 자기 반 친구의 공책을 훔쳐 엄마에게 가져갔다. 엄마는 혼을 내기는 커녕 칭찬을 해주었다. 또 한 번은 훔친 외투를 엄마에게 가져갔는데 이번에도 엄마는 그를 더욱더 칭찬해주었다. 이 학생이 성장하여 청년이 되어서, 더 심한 도둑질을 하게 되었다. 하지만 하루는 이런 도둑질을 하다가 잡혀서는 손을 등 뒤로 꽁꽁 묶여 처형장으로 끌려가게 되었다. 엄마가 함께 따라가면서 슬퍼했다. 청년은 엄마의 귀에 뭔가 할 말이 있다고 했다. 엄마가 가까이 다가온 순간 청년은 엄마의 귀를 깨물었다. 엄마는 이런 행동을 나무랐다. 지금까지 했던 나쁜 짓만으로도 모자라 이제는 엄마의 몸에 가혹한 상처를 입히기까지 한다. "제가 처음으로 도둑질을 해서 훔친 공책을 가져 왔을 때 엄마는 저를 혼내셨어야 했어요." 라고 말했다. "그랬으면 이렇게 목숨을 잃게 되지는 않았을 테니까요."
　　범죄에 대해 처벌을 받지 않으면 점점 더 나쁜 범죄를 야기한다는 이야기입니다.

Words

- **stole** steal(훔치다)의 과거형 ● **punish** 벌주다 ● **praise** 칭찬하다 ● **even more highly** 훨씬 더 높이
- **serious thefts** 심각한 절도 ● **be caught in the act** 현장에서 바로 잡히다 ● **execute** 처형하다, 사형하다
- **whisper** 속삭이다 ● **bit** bite(물다)의 과거형 ● **scold** 꾸짖다, 혼내다 ● **crime** 범죄 ● **commit** 저지르다
- **harm** 해, 피해

Chapter 13

경험에 대해 이야기하기

- ▶ **주제**

  경험한 것에 대해 묻고 대답할 수 있는 표현 방법
  익히기

- ▶ **문법 포인트**

  현재완료 시제로 묻고 대답하기, 과거 시제를 써
  야 하는 경우와 현재완료 시제를 써야 하는 경우
  를 구별해서 적절한 시제 활용하기

- ● **그냥 말할 때:**

  누가 ∼했던 적이 있다
    - ■ 주어 + have/has + 과거완료

- ● **물어볼 때:**

  너 ∼해 본 적 있니?
    - ■ Have + you + 과거완료?

Have you ever been on a ferry, Sumin?

유람선 타 본 적 있어요, 수민씨?

○ **"Have you ever been on a ferry, Sumin?"**

"~해 본 적이 있나요?"

어떤 것을 해 본 적이 있는지, 먹어 본 적이 있는지, 가 본 적이 있는지를 상대방에게 물을 때는 'Have you (ever) p.p. ~?' 이런 식으로 말하면 돼요.

'be on a ferry'는 '유람선을 타다'라는 뜻이니까, 'Have you ever been on a ferry?'라고 하면 유람선을 타봤는지, 타 본 적이 있는지를 묻는 것이죠. ferry 말고도 다른 배 이름을 넣어서 물어볼 수도 있습니다.

여러분은 어떠세요? How about you? Have you ever been on a ferry? Have you ever been on a boat? Have you ever been on a cruise? 저는 배를 탈 때마다 멀미를 해서 힘들더라구요…

I've suffered from motion sickness many times.

입이 열리는 영문법

▶ **현재완료의 의문문**
전에 어떤 것을 해 본 적이 있는지를 물을 때는 현재완료라는 시제를 쓰면 되는데요, 현재완료 시제로 묻는 문장의 의문문은 'Have/Has + 주어 + (ever) 과거분사(p.p.) ~?'의 순서입니다. 주어가 3인칭 단수이면 Has를 쓰고 '주어 + (ever) 과거분사(p.p.)'의 순서로 말하고, 주어가 3인칭 단수가 아니면 Have를 쓰고 '주어 + (ever) 과거분사(p.p.)'의 순서로 말하면 돼요. 상대방에게 ~해 봤는지를 물을 때는 'Have you (ever) 과거분사(p.p.) ~?'라고 하면 됩니다. 'ever'는 ~해 본 적이 있는지 경험의 여부를 묻는 부사로 흔히 넣어 말합니다. '외국에 가 본 적 있으세요?' 'Have you ever been abroad?', '터키 음식 드셔보셨어요?' 'Have you ever eaten Turkish food?', '애완견 키워 보셨어요?' 'Have you ever had a pet?'과 같이 말하면 됩니다.

기억해줘!

어떤 것을 해 본 적이 있는지, 어디에 가 본 적이 있는지를 묻고 싶다면 'Have you ever + p.p. ~?'를 떠올리세요.			
Have you ever	been abroad	?	외국에 가 본 적 있어요?
	ridden a bike		자전거 타 본 적 있니?

패턴 회화 02

■ **Yes, I have.** 네, 해 본 적 있어요.

■ **No, I never have.** 아니, 전혀(타 본 적 없어)요.

○ **"Yes, I have."** "~ 해 본 적이 있어요."

상대방이 ~한 적이 있느냐는 질문, 즉, 'Have you ~?'라고 물었을 때 그런 적
이 **있다고 대답할 때는 'Yes, I have.'**라고 하면 돼요. 이 때 'have'는 '가지다'라
는 뜻이 아니라, 현재완료 시제를 나타내는 조동사랍니다.

○ **"No, I never have."** "~ 해 본 적이 없어요."

어떤 것을 해 본 적이 있는지 묻는 'Have you ~?'라는 질문에 대해서, 그런 적
이 있으면 'Yes, I have.', **그런 적이 없으면 'No, I have not.'** 혹은 줄여서 'No, I
haven't.'라고 합니다.

또는 이렇게 'No, I never have.'라고도 할 수 있는데요, 'never'은 '전혀 ~ 않다'
라는 뜻으로 강한 부정을 나타내거든요. 'I never have.'는 '전혀 그런 적이 없다.'
라는 말이에요.

절대로 ~하지 않다고 부정하는 말을 never를 넣어 표현해 보세요.	
난 거기에 절대로 안 갈거야.	I'll **never** go there.
이거 절대로 건드리지 말아라.	**Never** touch this.

A: Where did you go?   어디에 갔었는데요?

B: I went to Victoria.   빅토리아 (호수)에 갔었어요.

○ **"Where did you go?"** "어디에서 ~를 했나요?"

어디에서 무엇을 했는지 물을 때는 '**Where did you ~?**'라고 하면 돼요. '어디에서 식사를 했니? 밥을 먹었니?'라고 하면, 'Where did you eat?'이라고 하면 되고, '어디에서 공부를 했느냐?'고 묻는다면 'Where did you study?'라고 하면 되겠죠. 휴가 갔었다면서? 어디에서 묵었는데? Where did you stay? 이런 식으로 다양하게 물어볼 수 있겠죠.

○ **"I went to Victoria."** "~를 갔었어요."

'~에 가다, ~로 가다'라고 할 때 '**go to** + 장소' 식으로 말합니다. '빅토리아로 가다' 'go to Victoria', 그런데 과거에 갔던 것이기 때문에 go의 과거형인 went를 썼죠. '~했었다'라는 말을 하기 위해서는 꼭 동사의 과거형을 외워둬야 합니다.

하나, 어디서 무엇을 했는지 그 장소가 궁금하다면, Where did you ~?를 떠올리세요.		
Where did you	find this book	**?**	너 이 책을 어디서 찾았니?
	meet him		너는 그 애를 어디서 만났어?
둘, 과거에 했던 일은 동사의 과거형을 넣어 말하면 됩니다.		
난 내 생일 파티에서 노래를 세 곡 불렀어.	I **sang** three songs at my birthday party.	
우리 모두 모여서 한 잔 했지.	All of us **got** together and **had** a drink.	

I've heard it's really nice there.

그곳은 정말 멋지다고 들었어요.

○ **"I've heard it's really nice there."** "~한 적이 있어요."

I've는 I have를 줄여서 쓴 말인데요, **'I've heard ~.'는 '그런 말을 들은 적이 있다, 들어봤다'라는 뜻이에요.**

'~라고 들었다'라고 할 때 I've heard 다음에 들은 내용을 주어 동사의 순서로 말하면 되는데요, I've heard 다음에 that을 쓰고 그 내용을 써도 되고, 이 문장에서처럼 that을 쓰지 않기도 합니다.

'really'는 '정말, 아주, 매우'라는 뜻의 부사로 'nice'를 강조하는 말이에요. 그냥 좋았으면 'nice', 아주 좋았으면 'really nice', 이렇게 기억하세요.

입이 열리는 영문법

▶ **현재완료 시제**

'~해 본 적이 있다'는 말은 현재완료 시제로 나타내면 돼요. 주어에 맞게 have나 has를 쓰고, 과거분사(p.p.)를 이어서 쓰면 되는데요, 주어가 3인칭 단수일 때는 has를 쓰고, 다른 주어일 때는 have를 쓰면 됩니다. '내가 ~해 본 적이 있다'는 말은 'I have 과거분사(p.p.) ~.'라고 하면 되는데, I have는 I've라고 줄여 말할 수 있어요. 내가 어떤 말을 들은 적이 있다면 I've heard ~, 어떤 것을 먹어본 적이 있다면 I've eaten ~ 혹은 I've tried ~, 내가 어디에 가본 적이 있다면 I've been to 어디. 내가 누구 혹은 무엇을 본 적이 있다면 I've seen ~라고 하면 돼요. 동사가 나올 때마다 see - saw - seen과 같은 동사변형을 외워두셔야 현재완료 시제를 자유롭게 구사하실 수 있습니다.

기억해줘!

옛날에 ~해 본 적이 있거나 그런 적이 있다는 말을 하고 싶을 땐 'have/has p.p.'를 떠올리세요.	
아주 여러 번 실패했었지만, 난 결코 포기하지 않을 거예요.	**I've failed** so many times, but I'll never give up.
우리 엄마는 10년 정도 간호사로 일을 하셨었어요.	My mother **has worked** as a nurse for about ten years.

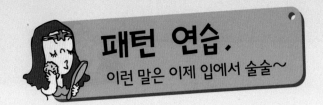

패턴 연습.
이런 말은 이제 입에서 술술~

1

Have you ever been on a ferry ?

a. been on a boat

b. been abroad

c. ridden a bike

> **ferry:** 유람선
> **abroad:** 외국으로
> **ridden: ride** (타다)의
> 과거분사형

2

Where did you go ?

a. swim

b. meet him

c. find this book

> **meet:** 만나다
> **find:** 찾다

3

I've heard that .

a. eaten the food

b. failed so many times

c. worked as a nurse

> **eaten:** eat(먹다)의 과
> 거분사형
> **fail:** 실패하다
> **so many times:** 매
> 우 많이
> **as:** ~로서
> **nurse:** 간호사

1. 사랑에 빠져 본 적이 있나요? (fall in love)

_____

2. 그는 유람선을 탄 적이 있니? (on a ferry)

_____

3. 난 유럽에 가 본 적이 없어. (Europe)

_____

4. 난 지난 금요일에 등산 갔었어. (hiking)

_____

5. 네 휴대폰을 어디에 두었니? (put, cellular phone)

_____

6. 난 이탈리아에 갔었어. (Italy)

_____

7. 난 네가 매우 친절하다고 들었어. (kind)

_____

Words --

• **fall in love** 사랑에 빠지다 • **ferry** 유람선 • **never** 전혀 ~ 않다 • **go hiking** 등산가다
• **where** 어디, 어디에서 • **put** 두다 • **cellular phone** 휴대폰 • **heard** (**hear**의 과거 · 과거분사형) 들었다
• **kind** 친절한

1 I've + 과거분사(p.p.).

1. 저는 유럽에 한 번 가 본 적이 있어요. (once)

_____

2. 저는 그 영화를 세 번 이상 봤어요. (more than three times)

_____

3. 저는 프랑스 음식을 여러 번 먹어봤어요. (French, many times)

_____

4. 저는 애완 거북이를 키워 본 적이 있어요. (pet turtle)

_____

5. 저는 외국인과 사랑에 빠져 본 적이 있어요. (fall in love, foreigner)

_____

2 I haven't + 과거분사(p.p.). / I've never + 과거분사(p.p.).

6. 저는 외국에 가 본 적이 없어요. (abroad)

_____

7. 저는 태국 음식을 먹어 본 적이 없어요. (Thai)

_____

8. 저는 애완동물을 키워 본 적이 없어요. (pet)

_____

9. 나는 그 영화를 본 적이 없어. (movie)

_____

10. 나는 그 사람을 직접 만난 적이 없어. (in person)

_____

3 Have you ever + 과거분사(p.p.)?

11. 그리스에 가보셨어요? (Greece)

_____

12. 일본 음식을 드셔보셨어요? (Japanese)

_____

13. 이 영화 본 적 있으세요? (movie)

_____

14. 애완 고양이 키워봤니? (pet)

_____

15. 차여 본 적 있으세요? (dump)

_____

Try it ~ 대화 영작

A: 혼자 여행해 보신 적 있어요? (travel, alone)

1. _____

B: 그럼요. 혼자서 여러 번 여행했었어요. (many times)

2. _____

A: 외국에 가보신 적 있어요? (abroad)

3. _____

B: 네, 중국이랑 일본에 가 본 적이 있어요. (China, Japan)

4. _____

A: 유럽에도 가보셨어요? (Europe, too)

5. _____

B: 아니오, 유럽에는 가보지 못했어요. (never)

6. _____

경험 묻기와 경험 말하기

 Have you ever been on a ferry, Sumin?

 No, I never have. Have you?

 Yes, I have.

 Really? Where did you go?

 I went to Victoria last weekend.

 Wow! I've heard it's really nice there.

민준: 유람선 타 본 적 있어요, 수민씨?

수민: 아니, 전혀요. 민준씨는요?

민준: 타 본 적 있어요.

수민: 정말요? 어디에 갔었는데요?

민준: 지난 주말에 빅토리아 (호수)에 갔었어요.

수민: 야아! 그곳 정말 멋지다고 들었어요.

영어로 말할 때는 이렇게 답니다.

요즘 애완동물 키우시는 분들 많으시죠? 강아지 키우세요? 저는 고양이 두 마리 키워요. 이런 말을 영어로 생각해보면 문득, 'grow'가 떠오를 수 있습니다. 그런데 'grow'는 채소나 과일 같은 것들을 재배한다고 할 때 쓰는 말이구요, 애완동물을 키운다는 말은 그냥 'have'를 쓰시면 돼요. Do you have a dog? I have two cats. 이런 식으로요. 생각보다 영어가 간단할 때도 많답니다 ~~

La Forza Del Destino (운명에 순종하라)

A timid old man had only one son, a brave boy who was passionate about hunting. Having dreamed that he saw him killed by a lion, the father was scared that the dream would happen in real life. To prevent it from coming true, he built a marvelous hall raised high above the ground and kept his son there to protect him. He had the hall decorated with pictures of many animals, including a lion, but the picture made him more miserable. One day, the son stood in front of the lion and yelled, "Curse you! It is because of you and my father's lying dream that I am stuck up here. How can I get revenge?" and as he spoke, he punched the wall at the lion's eye. A splinter went under his nail, sending a lot of pain down to his groin. Then a high fever followed, and he died quickly. So, even though it was just a painted picture, the lion had caused the boy's death, and his father's protective plan proved to be deadly.

A man should tackle his fate with patience and courage, no trick can change his destiny.

이렇게 끊어 읽으면 쉬워요!

A timid old man / had only one son, / a brave boy / who was passionate / about hunting. /
한 소심한 노인이   아들을 하나 가지고 있었다   용감한 청년을   열정이 있는   사냥에

Having dreamed that / he saw him killed by a lion, / the father was scared that / the dream would happen /
꿈을 꾼 다음에   아들이 사자에게 죽임을 당하는   아버지는 두려웠다   그 꿈이 실제로 일어날까봐

in real life. / To prevent it / from coming true, / he built a marvelous hall / raised high above the ground /
현실에서   이것을 막으려고   일어나는 것을   그는 거대한 건물을 지었다   땅 위로 높이 솟아오르게

and kept his son there / to protect him. / He had the hall decorated / with pictures of many animals, /
그리고 아들을 거기에 가두었다   그를 보호하려고   건물을 장식했다   많은 동물들의 그림으로

including a lion, / but the picture made him more miserable. / One day, / the son
사자를 포함해서   하지만 그림이 그를 더 비참하게 만들었다   하루는   아들이

stood in front of the lion / and yelled, / "Curse you! / It is because of / you and my father's lying dream /
사자 앞에 서서   소리쳤다   저주받아라   이건 때문이야   너랑 우리 아버지의 말도 안 되는 꿈 (때문이야)

that I am stuck up here. / How can I / get revenge?" / and / as he spoke, / he punched the wall /
내가 여기 갇힌 것은   내가 어떻게 복수를 할 수 있을까?   그리고   말을 하면서   그는 벽을 손으로 쳤다

at the lion's eye. / A splinter went under his nail, / sending a lot of pain / down to his groin. /
사자의 눈 부분을   파편이 손톱 밑으로 들어가서   격렬한 통증을 일으켰다   온 몸에

Then / a high fever followed, / and he died quickly. / So, / even though / it was just a painted picture, /
그리고는   고열이 났다   그리고 그는 곧 죽었다   그래서   이랬지만   그건 그냥 그려진 그림이었다

the lion had caused the boy's death, / and / his father's protective plan / proved to be deadly.
사자는 청년을 죽게 만들었다   그리고   그의 아버지의 보호하려는 계획이   결국은 죽음을 만들었다

A man / should tackle his fate / with patience and courage, / no trick / can change his destiny.
사람은   자신의 운명에 맞서야 한다   인내와 용기를 가지고   어떤 술수도   자신의 운명을 바꿀 수는 없다

해석

어떤 소심한 노인에게 아들이 하나 있었는데, 사냥을 아주 좋아하는 용감한 청년이었다. 아들이 사자에게 물려 죽는 꿈을 꾸고 나서는, 꿈이 현실이 될까 봐 두려웠다. 이런 일을 미리 막기 위해서 노인은 아들을 보호하기 위해 하늘높이 치솟은 건물을 지어서는 그 안에 아들을 가둬두었다. 노인은 사자를 포함한 여러 가지 동물들의 그림으로 건물을 장식했는데, 그 그림이 아들을 더 비참하게 만들었다. 어느 날, 아들이 사자 그림 앞에 서서 소리를 질렀다, "저주받을 놈 같으니라고! 네 녀석과 우리 아버지의 말도 안 되는 꿈 때문에 내가 이런 곳에 갇혀 있는 거잖아. 어떻게 하면 복수를 할 수 있을까?" 라면서 사자의 눈이 있는 부분의 벽을 힘차게 주먹으로 내리쳤다. 그러자 파편이 손톱 밑으로 파고 들어가서 사타구니에 극심한 통증을 일으키게 되었다. 그리고는 고열이 나서 바로 죽고 말았다. 그러니까, 그게 그려진 그림에 불과했지만 사자가 젊은이를 죽게 만든 것이 아버지가 아들을 보호하려는 계획은 결국 아들을 죽게 만들고 말았다.

인간은 인내와 용기로 자신의 운명에 맞서야 합니다. 어떠한 술수도 운명을 바꿔놓지는 못합니다.

Words

- **timid** 소심한 • **passionate** 열정적인 • **prevent** 막다 • **come true** 이루어지다
- **marvelous** 어마어마한, 거대한 • **high above the ground** 땅 위로 높이 솟은, 높게 • **protect** 보호하다
- **decorate** 장식하다 • **miserable** 비참한 • **yell** 소리치다 • **curse** 저주하다 • **be stuck up** 갇히다
- **revenge** 복수하다 • **splinter** 파편 • **go under** 파고들다 • **send a lot of pain** 많은 통증을 보내다, 일으키다
- **groin** 사타구니 • **tackle** 맞서다, 달려들다 • **destiny** 운명

Chapter 14

모임을 주선해볼까? 내가 먼저 제안하자!

▶ **주제**

함께 어떤 것을 하자고 제안하기

▶ **문법 포인트**

제안하는 표현 익히기

● **그냥 말할 때:**

~하자

■ Let's ~.

~하지 말자

■ Let's not ~.

● **물어볼 때:**

~하는 게 어때?

■ Why don't we + 동사원형?

A: Why don't we get together this weekend?

이번 주말에 함께 모이는 게 어때요?

B: Sure.

좋아요.

○ "Why don't we get together this weekend?"
"~하는 게 어때요?"

상대방에게 같이 어떤 것을 하자고 제안할 때 '**Why don't we ~?**'라고 말해요. '이쪽으로 가는 게 어떨까?' 'Why don't we go this way?', '5분 쉬는 게 어떨까?' 'Why don't we take a five minute break?' 이런 식으로요.

'한 주'를 뜻하는 week에 end가 붙은 'weekend'는 '주말의 끝' 즉 주말이 되겠죠. 'this weekend'는 '이번 주말, 이번 주말에'라는 뜻이구요. 주말을 제외한 주중은 'weekdays'라고 합니다.

입이 열리는 영문법

▶ this weekend
'주말에'라는 말은 'on the weekend'도 있지만, '이번 주말에'라고 할 때는 this를 넣어 'this weekend'라고 하는데요, this를 쓸 때는 앞에 on이나 the를 또 쓰지 않고 그냥 'this weekend'라고 한다는 것을 기억하세요.

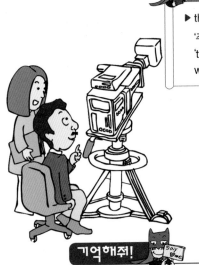

기억해줘!

다른 사람들에게 함께 어떤 것을 하고 제안하고 싶을 때는 Why don't we ~?를 떠올리세요.			
Why don't we	give her a surprise party	?	그녀에게 깜짝 파티를 열어주는 게 어떨까?
	buy a bigger TV this time		이번에 우리 더 큰 TV를 사는 것이 어떨까요?

What do you want to do?

뭘 하고 싶은데요?

○ **"What do you want to do?"** "뭘 하고 싶은데요?"

'너는 무엇을 ~하니?'라고 할 때 '**What do you ~?**'라고 하면 됩니다. 어른들이
아이들에게 이런 질문을 많이 하시죠. 'What do you want to do?'라구요. 아…
뒤에 in the future를 붙여서 'What do you want to do in the future?' '넌 장차
뭘 하고 싶니?' 혹은 'What do you want to be in the future?' '넌 장차 뭐가 되
고 싶니?'라고도 많이 하시죠.

'너는 뭘 먹고 싶어?' 'What do you want to eat?', '너는 뭘 사고 싶어?' 'What
do you want to buy?', '너는 뭘 고르고 싶어?' 'What do you want to choose?'
등 다양하게 말해보세요.

 입이 열리는 영문법

▶ want + to부정사

'want'는 '원하다, 어떤 것을 하고 싶다'라는 말이죠. 어떤 것을 원한다고 할 때는 want
다음에 명사나 대명사 같은 것을 이어 말하면 되고, '무엇을 하는 것을 원하다, ~하고 싶다'
라고 말할 때는 want 다음에 to부정사, 즉 'to + 동사원형'을 넣으면 됩니다. '먹고 싶다'
'want to eat', '자고 싶다' 'want to sleep', '밖에 나가고 싶다' 'want to go out' 이런
식으로요. to 이하가 want의 목적어가 되는 겁니다.

 **기억해줘!**

무엇을 어떻게 하는지 묻고 싶을 땐 What do you ~?를 떠올리세요.		
What do you	usually eat for breakfast	보통 아침 식사로 뭘 드시나요?
	do for a living	직업이 뭐예요?

(? 가운데 위치)

A: Let's go waterskiing.

우리 수상 스키 타러 가요.

B: Sounds good!

좋아요!

○ "Let's go waterskiing." "~해요."

상대방에게 ~하자고 제안할 때, 'Let's ~.'라고도 합니다. Let's는 Let us를 줄여서 쓴 말인데요, 실제로 말을 할 때 Let us 라고는 거의 쓰지 않고 간단히 'Let's ~'라고 하지요. Let's 다음에는 동사원형을 쓰면 돼요. '가자.' 'Let's go.', '아침 먹자.' 'Let's eat breakfast.', '영화보러 가자.' 'Let's go see a movie.', '학교에 가자.' 'Let's go to school.' 이런 식으로 말해보세요.

go 다음에 ~ing를 쓰면 '~하러 가다'라는 뜻이에요. 여기서는 go 다음에 '수상 스키를 타다'라는 말, waterski에 ing를 붙인 waterskiing을 이어서, '수상 스키타러 가다'라는 말이 되었어요. '낚시하러 가다' 'go fishing', '등산하러 가다' 'go hiking', '수영하러 가다' 'go swimming'과 같이 다양하게 말을 만들어 보세요.

입이 열리는 영문법

▶ go ~ing
go 다음에 동사원형 ~ing를 이어 쓰면 '~하러 가다'라는 말이 됩니다. '쇼핑하러 가다' 'go shopping', '스케이트 타러 가다' 'go skating', '테니스 치러 가다' 'go playing tennis' 이런 식으로요. 아! '영화보러 가다'라는 말은 'go see a movie' 혹은 'go to a movie' 라고 관용적으로 쓰니까 이건 따로 외워두시구요~~

기억해줘!

~하러 가다 라는 말은 go ~ing를 넣어 표현하세요.			
I'll	go	**washing.**	나 세차하러 간다.
Let's		**grocery shopping.**	장보러 가자.

A: There is a lake just outside of town.

마을 바로 밖에 호수가 있어요.

B: Oh, let's not go outside of town.

아, 교외로는 가지 말죠.

○ "There is a lake just outside of town." "~가 있어요."

'어디에 무엇이 있다'라고 할 때는 'There is + 무엇 + 어디'의 순서로 말하면 돼요. 만약 여러 개가 있다면 There are를 쓰고 무엇, 어디의 순서로 쓰세요. '호수' 'a lake'가 '마을 바로 밖에' 'just outside of town'에 있다는 말은, 'There is a lake just outside of town.'이죠.

○ "Let's not go outside of town." "~하지 말자."

'~하자'의 반대는 '~하지 말자'지요. ~하자고 말하는 Let's에 not을 붙이면 간단히 '~하지 말자'가 됩니다. 이 때도 Let's not 다음에는 동사원형을 넣어 말하세요. 'Let's go.'는 '가자.'는 말이고, 'Let's not go.'는 '가지 말자.'는 말이에요. 그러니까, 'Let's not go outside of town.'은 '교외로는 가지 말자.'라는 말이죠.

입이 열리는 영문법

▶ Let's not + 동사원형
상대방에게 어떤 것을 하자고 청할 때 Let's로 시작해서 할 수 있는데요. Let's 다음에는 동사원형을 넣는다는 것을 기억하세요. ~하지 말자고 말할 때는 Let's not 다음에 동사원형을 넣어 말하면 됩니다.

기억해줘!

	하나, '~가 있다'라는 말은 There로 시작해요.	
There	is a nice coffee shop near here.	이 근처에 멋진 커피숍이 있어요.
	are less than thirty students in a class these days.	요즘에는 한 반에 학생이 30명 이하가 있죠.
	둘, '~하지 말자'고 말하고 싶을 때는 'Let's not ~.'을 떠올리세요.	
Let's not	eat out too often.	우리 너무 자주 외식하지 맙시다.
	work too hard.	우리 과로는 하지 말기로 해요.

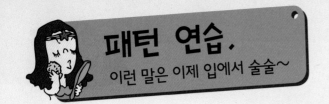

1 Why don't we get together this weekend ?

a. go this way

b. give her a surprise party

c. buy a bigger TV this time

> **get together:** 모이다
>
> **surprise party:** 깜짝파티
>
> **bigger:** 더 큰

2 What do you want to do ?

a. eat

b. do in the future

c. choose

> **future:** 미래
>
> **choose:** 선택하다

3 Let's go waterskiing .

a. washing

b. shopping

c. swimming

> **waterski:** 수상스키 를 타다
>
> **wash:** 씻다

4 There is a lake just outside of town .

a. a book on the table

b. a cat in the kitchen

c. a nice coffee shop near here

> **lake:** 호수
>
> **outside:** 밖에
>
> **town:** 마을
>
> **kitchen:** 부엌
>
> **near:** 근처에

1. 이번 주말에 영화보러 가는 게 어때? (go see a movie, this weekend)

_____

2. 무엇을 살 거니? (buy)

_____

3. 우리 쉬자. (take a break)

_____

4. 낚시하러 가자. (go fishing)

_____

5. 언덕 위에 큰 나무 한 그루가 있어. (hill)

_____

6. 그리로는 가지 말자.

_____

7. 길 밖에서 뛰지 말자. (run, out of roads)

_____

Words
- **go see a movie** 영화보러 가다 • **this** 이번 • **weekend** 주말 • **Let's** ~하자
- **take a break** 휴식을 갖다 • **hill** 언덕 • **Let's not** ~하지 말자 • **out of roads** 길 밖에서

1   Let's + 동사원형.

1. (우리) 그 얘기는 나중에 하자. (talk, later)

_____

2. (우리) 저녁 식사는 일식집에서 하죠. (Japanese restaurant)

_____

3. (우리) 이번 여름 휴가 때 여행 갑시다. (go on a trip, vacation)

_____

4. (우리) 퇴근하고 한 잔 하러 갑시다. (go for a drink, after work)

_____

5. (우리) 한 30분 정도 낮잠을 잡시다. (take a nap, minute)

_____

2   Let's not + 동사원형.

6. (우리) 오늘은 이쪽으로 가지 말죠. (this way)

_____

7. (우리) 이 자켓 사지 말죠. (jacket)

_____

8. (우리) 오늘은 외식하지 말아요. (eat out)

_____

9. (우리) 오늘은 컴퓨터 게임 하지 말자. (computer games)

_____

10. (우리) 오늘은 일 얘기는 하지 말죠. (talk about business)

_____

3 Why don't we + 동사원형?

11. (우리) 이 터키 식당에서 먹지 않을래? (Turkish)

_____

12. (우리) 함께 산책하지 않을래요? (take a walk, together)

_____

13. (우리) 지하철역에서 만나지 않을래요? (subway station)

_____

14. (우리) 내일 로맨틱 영화 보러 가지 않을래요? (romantic movie)

_____

15. (우리) 커피 한 잔 하면서 이 얘기를 나눠보는 게 어떨까요?
(over a cup of coffee)

_____

Try it ~ 대화 영작

A: 우리 퇴근 후에 맥주 마시는 거 어때요? (some beer, after work)

1. _____

B: 오늘은 술마시러 가지 말죠. (for a drink)

2. _____

A: 그러면 저녁 식사는 어때요? 같이 저녁 먹어요. (how about, together)

3. _____

B: 좋아요. 우리 한식집으로 가요. (Korean restaurant)

4. _____

A: 그러죠. 한식집 "신라"에 가보는 게 어때요? (try)

5. _____

B: 그립시다. 가죠! (Why not?)

6. _____

Why don't we get together this weekend?

 Sure, what do you want to do?

 Let's go waterskiing.

 Waterskiing? Sounds good! Where?

 There is a lake just outside of town.

 Oh, let's not go outside of town.

수민: 이번 주말에 함께 모이는 게 어때요?

민준: 좋아요, 뭘 하고 싶은데요?

수민: 수상 스키 타러 가요.

민준: 수상 스키? 좋죠! 어디로요?

수민: 마을 바로 밖에 호수가 있어요.

민준: 오, 교외로는 가지 말죠.

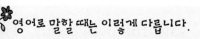 영어로 말할 때는 이렇게 다릅니다.

한국에서 꼭 성공하는 사업 두 가지를 꼽으라면 먹는 외식 사업과 살 빼는 사업이라는 우스개소리를 들은 적이 있습니다. 남자들은 90퍼센트 이상이 본인이 잘 생겼다고 생각하고, 여자들은 90퍼센트 이상이 본인이 살쪘다, 살을 빼야한다고 생각한다는 조사 결과를 본 적도 있는데요, '살 빼다'라는 말은 영어로 'lose weight'라고 합니다. 그런데 종종 lose 다음에 my를 넣어서 'lose my weight'라고 하시는 분들이 있는데, 물론 살을 뺀다는 건 본인의 살을 빼는 거지 남의 살을 빼는 것이 아니겠죠? 너무나 당연하게 본인의 살을 빼는 거니까, my 없이 'I need to lose weight., I want to lose weight.'와 같이 말씀하시면 돼요. weight 자리에 킬로그램을 넣어서, 'I want to lose 5 kilograms.'처럼 말할 수도 있답니다.

After Twenty Years (20년 후)

The man by the door struck a match and lit his cigar. The light showed a pale, square-jawed face with intense eyes, and a little white scar near his right eyebrow. His scarf pin was a big diamond.

"Twenty years ago tonight," said the man, "I dined here at 'Big Joe' Brady's with Jimmy Wells, my best friend, and the finest chap in the world. We were both raised here in New York, just like two brothers, together. I was eighteen and Jimmy was twenty. The next morning I was going to leave for the West coast to become successful. You couldn't drag Jimmy out of New York; he thought it was the only place on earth. And we agreed that night we would meet here again exactly twenty years from that date and time, no matter how we were or where we were. We thought that in twenty years we should have our life figured out."

"It sounds pretty interesting," said the policeman. "Isn't that a long time to meet? Have you heard from Jimmy since you left?"

이렇게 끊어 읽으면 쉬워요!

The man by the door / struck a match / and lit his cigar. / The light / showed a pale, square-jawed face /
문간에 서있는 남자는   성냥을 그어   담배에 불을 붙였다   불빛은   창백하고 사각턱이 진 얼굴을 비추었다

with intense eyes, / and a little white scar / near his right eyebrow. / His scarf pin / was a big diamond. /
강렬한 눈과   약간의 하얀 흉터도   오른쪽 눈썹 옆에   그의 스카프 핀은   커다란 다이아몬드였다

"Twenty years ago / tonight," / said the man, / "I dined here / at 'Big Joe' Brady's /
이십 년 전에   오늘 밤   남자가 말했다   여기서 저녁을 먹었죠   빅 조 브래디 식당에서

with Jimmy Wells, / my best friend, / and the finest chap / in the world. / We were both raised /
지미 웰스와 함께   내 친한 친구인   그리고 가장 멋진 녀석인   세상에서   우리는 둘 다 자랐죠

here in New York, / just like two brothers, / together. / I was eighteen / and Jimmy was twenty. /
여기 뉴욕에서   형제처럼   함께   난 18살이었고   지미는 20살이었어요

The next morning / I was going to / leave for the West coast / to become successful. /
다음 날 아침   나는 그러기로 되어 있었어요   서부쪽으로 떠나기로   성공 하기 위해서

You couldn't / drag Jimmy / out of New York; / he thought / it was the only place / on earth. /
할 수 없었어요   지미를 끌어낼 수는   뉴욕 밖으로   그는 생각했죠   유일한 곳이라고   지구상에

And / we agreed / that night / we would meet here again / exactly twenty years /
그리고   우리는 동의했어요   그 날 밤에   여기서 다시 만나기로   딱 20년 후에

from that date and time, / no matter how we were / or / where we were. /
그날 그 시간 후   우리가 어떻게 되었든   아니면   어디에 살든

We thought that / in twenty years / we should have our life figured out." /
우리는 생각했어요   20년 후면   우리의 인생을 제대로 살고 있을 거라고

"It sounds / pretty interesting," / said the policeman. / "Isn't that a long time to / meet? /
이렇게 들리네요   꽤 흥미롭게   경찰관이 말했다   오랜 시간 아닌가요   만나기로 한 (시간이)

Have you heard from Jimmy / since you left?"
지미에게서 연락이 왔나요   당신이 떠난 후에

해석

문간에 서있던 남자는 성냥을 그어 담배에 불을 붙였다. 불빛에 비친 그의 얼굴은 창백하고 턱은 모가 나있었으며 눈매는 강렬하고 오른쪽 눈썹 옆에는 하얀 상처가 보였다. 그의 넥타이 핀에는 커다란 다이아몬드가 박혀 있었다.

"20년 전 오늘 밤이었어요." 남자가 말했다. "나는 이곳 빅 조 브래디 식당에서 내 친한 친구이자 세상에서 가장 멋진 녀석인 지미 웰스와 함께 저녁을 먹었죠. 우리는 둘 다 여기 뉴욕에서 마치 형제처럼 함께 자랐습니다. 나는 18살이었고, 지미는 20살이었어요. 다음 날 아침 성공을 하려고 서부 해안으로 떠나기로 되어 있었습니다. 지미는 어떻게 해도 뉴욕 밖으로 끄집어낼 수가 없었어요. 지미는 이 지구상에서 살 수 있는 곳은 여기 뉴욕뿐이라고 생각했으니까요. 그리고 우리는 그날 밤에 약속을 했죠. 그 날 그 시간으로부터 딱 20년 후에 이 곳에서 다시 만나기로 말이에요. 우리가 어떤 모습이든, 어디에서 살고 있든지요. 우리는 그 때 20년이 지나면 각자 인생을 나름대로 살고 있을 거라고 생각했어요."

"꽤 흥미로운 이야기군요." 경찰관이 말했다. "다시 만날 때까지의 기간이 너무 길었던 것 아닌가요? 그 때 떠난 이후로 지미라는 친구로부터 연락은 못 들었나요?"

Words

- **strike a match** 성냥을 긋다, 성냥을 켜다 • **square-jawed face** 턱이 사각으로 진 얼굴 • **intense** 강렬한
- **dine** 저녁을 먹다 • **finest chap in the world** 세상에서 가장 멋진 친구 • **figure out** 알아 내다

Chapter 15

식당에서 주문하기

▶ **주제**

식당에서 원하는 음식을 주문하는 표현

▶ **문법 포인트**

to부정사의 형용사적 용법, 전치사구

● **그냥 말할 때:**

~ 주세요, ~로 하겠어요, ~ 먹을래요

■ I'd like ~.

● **물어볼 때:**

~ 드시겠어요? ~ 주문하시겠어요?

■ Would you like ~?

Are you ready to order?

주문하시겠습니까?

○ "Are you ready to order?" "주문하시겠습니까?"

식당에 가서 자리를 잡고 앉으면 웨이터가 와서 주문을 하겠느냐는 말이, '**Are you ready to order?**'입니다. 'Are you ready'는 '준비가 되었습니까?'라는 말인데요, 뭘 할 준비가 되었느냐? 'to order' '주문을 할' 준비가 되었느냐는 말이죠.

지금 근사한 식당에 와있다고 생각해 보세요. 어떤 음식을 시키고 싶으신가요? 결정하셨나요?

Are you ready to order?

입이 열리는 영문법

▶ Are you ready to/for

어떤 것을 할 준비가 되었는지를 묻는 말이 'Are you ready to ~?'와 'Are you ready for ~?'가 있는데요, to 다음에는 동사원형을, for 다음에는 명사나 동명사를 넣는다고 기억하시면 됩니다. 어떤 것을 할 준비가 되었는지를 묻는 말로는, 'Are you ready to go?' '외출할 준비가 되었나요?', 'Are you ready to go to bed?' '잠자리에 들 준비가 되었어요?' 등이 있고, 무엇에 대한 준비가 되었는지를 묻는 말로는, 'Are you ready for school?' '학교 갈 준비 됐니?', 'Are you ready for the game?' '시합할 준비 됐어?', 'Are you ready for the new start?' '새 학기 준비 됐니?' 등이 있으니까 필요한 상황에 잘 활용해보세요.

기억해줘!

'~할 준비가 되었느냐'는 말은 Are you ready to ~?를 넣어 말해보세요.			
Are you ready to	go	?	갈 준비 되었나요?
	answer the questions		질문에 답할 준비가 되었습니까?

I'd like a house salad, please.

하우스 샐러드 주세요.

○ "I'd like a house salad, please." "~ 주세요."

음식을 주문할 때는 I'd like를 기억하시고, I'd like 다음에 주문하고 싶은 음식 이름을 넣어서 말씀하시면 됩니다. **I'd like 음식 이름**, 간단하죠?

I'd는 I would를 짧게 축약한 것이고 I would like는 원래 I want보다 공손한 의미의 말이에요.

커피 한 잔을 시키고 싶으세요? 그럼, I'd like a cup of coffee.라고 하시면 되겠죠?

입이 열리는 영문법

▶ I'd

I would를 축약한 I'd like 뒤에는 명사나 to부정사(to + 동사원형)을 이어 말할 수 있어요. 'I'd like + 명사'는 'I want + 명사'보다 좀 더 정중한 표현으로, '무엇을 원합니다, 주세요, 그것을 먹겠습니다'라는 뜻이고, 'I'd like to + 동사원형'은 'I want to + 동사원형'보다 좀 더 정중한 표현으로 '~하고 싶습니다'라는 뜻이에요.

 기억해쥐!

	식당에서 주문을 할 때는 I'd like 다음에 먹고 싶은 음식 이름을 이어 말하면 됩니다.		
I'd like	a steak,	please.	스테이크 주세요.
	a pumpkin soup,		호박 스프 주세요.
	a glass of red wine,		레드와인 한 잔 주세요.

What sort of dressing would you like on that?

어떤 드레싱을 얹어드릴까요?

○ **"What sort of dressing would you like on that?"**

"어떤 드레싱을 얹어드릴까요?"

'What sort of ~'는 **'What kind of ~'**와 같은 말이에요. 그러니까, '어떤 종류의 무엇'이라는 뜻이죠. 'what sort of dressing' '어떤 종류의 드레싱'을 'would you like' '원하느냐', 'on that' '그 위에'.
샐러드 위에 어떤 드레싱을 얹어줄까를 묻는 말이지요.

'would you like'는 'do you want'보다 더 정중한 의미의 말입니다.

여러분은 샐러드를 드신다면 What sort of dressing would you like on that? 어떤 드레싱이 있는지 몰라 고를 수가 없다면, 다시 물어보세요. What do you have?라구요. 뭐가 있는지 알아야 골라서 주문을 할 테니까요.

입이 열리는 영문법

▶ sort

'어떤 종류의 드레싱을 (얹어 드시기를) 원하세요?'라는 말을 영어로 할 때는 '어떤 종류의 드레싱을, 원하세요, 그 위에' 순서가 됩니다. 그래서, 'What sort of dressing would you like on that?'이 되는 거죠. 'What sort of dressing would you like?'라고만 해도, 어떤 종류의 드레싱을 원하는 지를 묻는 말이 되지만, 의미상 드레싱, 소스는 위에 뿌려 먹는 것이기 때문에 뒤에 on that(샐러드를 가리키는 대명사)을 붙이면 더 완벽한 문장이 되는 겁니다.

기억해줘!

어떤 종류의 무엇에 대해 묻고 싶을 땐 What sort(kind) of ~?를 떠올리세요.			
What sort of	music do you usually listen to	**?**	주로 어떤 종류의 음악을 들으시나요?
	food do you eat often		어떤 음식을 자주 드시나요?

A: Would you like something to drink with that?

음료도 함께 드시겠습니까?

B: Just water is fine, thanks.

그냥 물 주세요.

○ "Would you like something to drink with that?"

"음료도 함께 드시겠습니까?"

식사를 하면서 곁들여 마실 음료를 주문하겠느냐고 묻는 말이에요. 'Would you like'는 'Do you want'보다 더 정중한 말로, Would you like 다음에 나오는 것을 원하는지를 묻는 말입니다.

'something to drink'는 '마실 것, 뭔가 마실 것'이라는 뜻이구요, 'with that'은 '그것과 함께'라는 뜻으로, 그것과 함께 마실 것을 원하는지를 묻는 것이죠.

입이 열리는 영문법

▶ **-thing + 수식하는 말**

thing으로 끝나는 단어들, something, anything, nothing 등을 수식하는 말은 이 뒤에 쓰는 것이 순서랍니다. 그래서 'something cold' '뭔가 차가운 것, 음료', 'something hot' '뭔가 뜨거운 것, 음료', 또 to부정사(to + 동사원형)를 연결해서 'something to buy' '뭔가 살 것, 사야할 것'처럼 쓸 수도 있죠.

○ "Just water is fine, thanks." "그냥 물 주세요."

'just'는 '그냥, 단지, ~만'이라는 뜻이구요, '~ is fine.'이라고 하면, '그것이면 됐다, 그거면 충분하다'라는 뜻입니다.

상대방이 'Would you like some cookies?'라고 했는데 'I'm fine.'이라고 대답하면, '나는 됐다, 안 먹겠다'라는 말이 됩니다. 먹고 싶으니 달라고 하려면 'Thank you.' 혹은 'Yes, please.'라고 하시기 바랍니다.

상대방에게 뭔가 먹을 것을 권하고 싶을 때는 Would you like ~?를 떠올리세요.			
Would you like	something to eat	?	드실 것 좀 드릴까요?
	another glass of juice		주스 한 잔 더 드릴까요?

1

Are you ready to order?

a. go

b. speak

c. answer the questions

ready: 준비된
order: 주문하다
answer: 대답하다
question: 질문

2

I'd like a house salad, please.

a. a steak

b. a pumpkin soup

c. a glass of red wine

salad: 샐러드
steak: 스테이크
pumpkin: 호박
soup: 스프
wine: 포도주

3

What sort of dressing would you like on that ?

a. game do you play

b. food do you eat often

c. music do you usually listen to

dressing: 드레싱
often: 때때로
usually: 보통

4

Would you like something to drink with that ?

a. some cookies

b. something to eat

c. another glass of juice

cookies:
cookie(과자)의
복수형
another: 또 다른
juice: 주스

1. 주문을 하시겠습니까? (ready, order)

_____

2. 하우스 샐러드 주세요. (salad)

_____

3. 어떤 종류의 드레싱을 원하세요? (dressing)

_____

4. 그것 위에 어떤 종류의 드레싱을 (얹어 드리기를) 원하세요?

_____

5. 마실 것을 원하세요? (something)

_____

6. 그것과 함께 마실 것을 원하세요? (with)

_____

7. 그냥 물이면 됩니다. (water, fine)

_____

Words --
- **ready** 준비된 • **order** 주문하다 • **sort** 종류 • **something** 어떤 것, 무엇인가
- **drink** 마시다 • **with** 함께, ~와 곁들여 • **that** 그것, 저것 • **just** 그냥, 단지, ~만
- **fine** 좋은, 괜찮은

1 I'd like some ~.

1. 찬 물 좀 주세요. (water)

_____

2. 치즈 케이크 좀 주세요. (cheese cake)

_____

3. 커피 좀 주세요. (coffee)

_____

4. 하와이안 피자 좀 주세요. (Hawaiian pizza)

_____

5. 오렌지 주스 좀 주세요. (orange juice)

_____

2 Would you like some ~?

6. 콜라 좀 드시겠습니까? (coke)

_____

7. 뜨거운 물 좀 드릴까요? (hot)

_____

8. 초콜렛 좀 드시겠습니까? (chocolates)

_____

9. 빵 좀 드시겠습니까? (bread)

_____

10. 따뜻한 우유 좀 드시겠어요? (warm)

_____

3   What sort of ~ would you like?

11. 어떤 드레싱으로 하시겠습니까? (dressing)

_____

12. 어떤 샐러드를 드시겠습니까? (salad)

_____

13. 어떤 케이크를 드시겠습니까? (cake)

_____

14. 어떤 음료를 드시겠습니까? (drink)

_____

15. 어떤 빵을 드시겠어요? (bread)

_____

Try it ~ 대화 영작

A: 마실 것 좀 드릴까요? (something, drink)

1. _____

B: 네, 주세요. 목이 너무 말라요. (really, thirsty)

2. _____

A: 물을 좀 드릴까요? (water)

3. _____

B: 아니요, 주스가 마시고 싶은데요. (juice)

4. _____

A: 어떤 주스 드릴까요? (sort)

5. _____

B: 사과 주스를 좀 주세요. (apple)

6. _____

식당에서 원하는 음식을 주문하는 표현

 Are you ready to order?

 Yes, I'd like a house salad, please.

 Okay. What sort of dressing would you like on that?

 Do you have blue cheese?

 Yes, we do. Would you like something to drink with that?

 Just water is fine, thanks.

남종업원: 주문하시겠습니까?

수민: 네, 하우스 샐러드 주세요.

남종업원: 알겠습니다. 샐러드 위에는 어떤 드레싱을 얹어드릴까요?

수민: 블루 치즈 있나요?

남종업원: 네, 있습니다. 곁들일 음료도 드릴까요?

수민: 그냥 물이면 됩니다. 고맙습니다.

 영어로 말할 때는 이렇게 답합니다.

식당에서 오기로 한 일행이나 친구가 아직 오지 않았는데, 웨이터가 와서 주문을 하겠느냐고 물을 때가 있죠? 이럴 때는, 'I'm expecting someone.'이라고 하시면 돼요. 올 사람이 있다, 올 사람이 오면 그 때 주문을 하겠다는 말이에요. 단, 'I'm expecting.'이라는 말은 "나 임신했어"라는 말이니까, 주의하시기 바랍니다. 같이 식사할 친구를 기다릴 때는 'I'm expecting someone.'이라고 하는 것 꼭 기억해두세요~~

The Gift of the Magi (현인의 선물)

Jim stepped inside the door, frozen in place. His eyes were fixed on Della, and there was an expression on his face that she could not read, and it scared her. It was not anger, no surprise, no disapproval, no horror, nor any of the feelings she was prepared for. He simply stared at her, with that peculiar expression on his face.

Della got off the table and ran to him.

"Jim, darling," she cried, "don't look at me like that. I cut my hair and sold it because I couldn't be happy for Christmas if I didn't give you a present. My hair will grow out again – you won't mind, will you? I just had to do it. My hair grows really fast. Say 'Merry Christmas!' Jim, and let's be happy. You don't know what a nice – what a beautiful, nice gift I've got for you."

이렇게 끊어 읽으면 쉬워요!

Jim / stepped inside the door, / frozen in place. / His eyes / were fixed on Della, /
짐은　　　　문 안으로 들어왔다　　　거기에 꼼짝도 않고 서있었다　그의 눈은　　델라에게 고정되어있었다

and there was an expression / on his face / that she could not read, / and it scared her. /
　그리고 거기에는 표정이 있었다　　그의 얼굴에　　그녀가 이해할 수 없는　　그리고 그것이 그녀를 두렵게 했다

It was not anger, / no surprise, / no disapproval, / no horror, / nor any of the feelings /
그것은 화가 아니었다　　놀람도 아니었고　　비난도 아니었고　공포심도 아니었다　어떤 느낌도 아니었다

she was prepared for. / He simply stared at her, / with that peculiar expression / on his face.
　그녀가 예상하고 있던　　　그는 그냥 그녀를 바라보고 있었다　　그 이상한 표정을 가지고　　　얼굴에

Della / got off the table / and ran to him. / "Jim, darling," / she cried, /
델라는　　탁자에서 일어나　　그에게로 다가갔다　　짐, 여보　　그녀가 소리쳤다

"don't look at me / like that. / I cut my hair / and sold it / because I couldn't be happy /
　나를 보지 말아요　　그렇게　　나를 머리를 잘랐어요　그리고 팔았어요　왜냐하면 내가 기쁘지 않을 것 같았어요

for Christmas / if I didn't give you a present. / My hair / will grow out again – /
크리스마스에　　내가 당신에게 선물을 주지 않으면　　내 머리는　　다시 자랄 거예요

you won't mind, / will you? / I just had to / do it. / My hair / grows / really fast. /
기분 나쁘지 않죠　　그렇죠　　나는 그래야만 했어요 그렇게요　내 머리는　　자라요　　정말 빨리

Say / 'Merry Christmas!' / Jim, / and / let's be happy. /
말해줘요　메리 크리스마스 (라고)　　짐　　그리고　우리 행복하게 보내자고요

You don't know / what a nice – what a beautiful, nice gift / I've got / for you."
당신은 모르실 거예요　　얼마나 멋지고 얼마나 아름다운 선물을　　내가 가지고 있는지　당신을 위한

해석

　짐은 문 안으로 들어와서는 꼼짝도 않고 거기에 서있었다. 그의 눈은 델라에게 쏠려 있었고, 그의 얼굴에는 델라가 이해할 수 없는 이상한 표정이 있었고, 델라는 두려웠다. 노여움도 아니고, 놀람도 아니고 비난이나 공포심도 아니었다. 델라가 예상하고 있던 그 어떤 느낌도 아니었다. 그는 그저 델라를 쳐다보고 있을 뿐이었다. 얼굴에는 그 이상한 표정만을 간직한 채로.

　델라는 테이블에서 일어나 그에게로 달려갔다.

　"짐, 여보." 그녀는 소리쳤다. "나를 그렇게 바라보지 말아요. 당신에게 크리스마스 선물을 하지 않고는 도저히 견딜 수가 없어서 머리카락을 잘라 팔았어요. 머리카락은 다시 길어질 테니까, 괜찮죠, 그렇죠? 그렇게 할 수 밖에 없었어요. 제 머리카락은 빨리 자라거든요. "메리 크리스마스"라고 말해줘요. 그리고 우리 행복하게 보내자고요. 내가 당신에게 주려고 얼마나 멋지고 얼마나 아름다운 선물을 준비했는지 당신을 모르실 거예요."

Words

- **step inside** 안으로 걸어 들어오다　• **freeze in place** 그곳에 얼어붙어있다, 꼼짝 않고 있다　• **fix** 고정하다
- **expression** 표정　• **scare** 겁주다　• **disapproval** 반감, 못마땅함　• **horror** 공포　• **stare** 빤히 쳐다보다
- **peculiar** 이상한, 기이한　• **grow out** 자라다　• **mind** 기분 나쁘게 생각하다, 언짢다

PART IV

Finish_마무리

Chapter **16**

여행이나 경험에 대한 느낌과 생각 표현하기

▶ **주제**
자신의 생각이나 의견을 표현하는 방법 익히기

▶ **문법 포인트**
1. 목적절 넣어 말하기
2. 부가의문문

● **그냥 말할 때:**
나는 생각해요, 들었어요 ～하다고, 그렇지 않아요?
■ 주어 + 동사 + that + 목적절 + 부가의문문?

A: How do you like Vancouver so far?

지금까지 밴쿠버는 어땠어요?

B: I think that it's a great city.

멋진 도시라고 생각해요.

○ **"How do you like Vancouver so far?"** "~는 어땠어요?"

직역을 하면, '너는 밴쿠버를 지금까지 어떻게 좋아하냐?'라는 이상한 말이 되죠? 그게 아니고, 어떤 장소나 사람, 음식 등에 대한 인상을 물을 때, **어떻게 생각하는지를 물을 때는 'How do you like ~?'**라는 표현을 써요.

식사를 할 때 상대방에게 음식 맛이 어떤지, 마음에 드는지 묻는다면, 'How do you like it?'이라고 하면 되고, 이곳이 어떠냐, 마음에 드느냐 라고 묻고 싶으면 'How do you like it here?'라고 하면 됩니다.

여러분의 동네에 누가 이사를 왔다면 이렇게 물어보세요. 'How do you like it here?'라구요. 외국에서 온 친구에게 한국이 어떤지 물어볼 때도 'How do you like it here?'라고 하면 된답니다.

○ **"I think that it's a great city."** "~라고 생각해요."

'**난 ~라고 생각해.**'라고 할 때 '**I think that ~.**'이라고 하시면 됩니다. 내가 생각하는 내용 앞에 쓰는 that은 생략할 수 있어요.

네? 영어가 쉽고 재미있다고 생각되신다구요? 그렇다면, I think 다음에, '영어가 쉽고 재미있다'라는 문장, 'English is easy and fun'을 연결해서, 'I think English is easy and fun.'이라고 하시면 되겠죠^^

기억해줘!

하나, 영화, 음식, 장소, 도시, 책 등 어떤 것에 대한 상대방의 의견, 생각을 알고 싶으면 How do you like ~?를 떠올리세요.

| How do you like | this restaurant | ? | 이 식당 어때? |
| | the movie | | 그 영화 어때? |

둘, '~인 것 같다'라고, 자신이 생각한 바를 표현하고 싶을 땐 I think 다음에 '주어 + 동사'의 순서로 이어서 말하면 됩니다.

| I think (that) | you're quite athletic. | 넌 꽤 운동신경이 있는 것 같아. |
| | this will be our last chance. | 이번이 우리의 마지막 기회가 될 것 같아. |

It's really a beautiful city, isn't it?

정말 아름다운 도시예요, 그렇지 않아요?

○ **"It's really a beautiful city, isn't it?"** "그렇지 않아요?"

It's는 It is를 줄인 말이에요. 어떤 곳이 아름다운 도시라고 하면 'a beautiful city'라고 하면 되는데 앞에 'really'를 붙여주면 더 의미가 강조되어, '너무나 아름다운 도시다'라는 말이 되죠.

'isn't it?'은 앞에 한 말이 '그렇지 않니?'라고 다시 덧붙여 묻는 말입니다.

이 책으로 공부해보니까 영어가 참 쉽다, 그렇지 않니? 라고 말하고 싶으시다면, English is really fun이라고 하시고, 덧붙여서, is의 부정인 isn't를 쓰고, 주어 English를 인칭대명사 it으로 바꿔서, 'English is really fun, isn't it?'이라고 하시면 돼요.

입이 열리는 영문법

▶ 부가의문문
문장 끝에 붙여, '그렇지?, 그렇지 않아?'와 같이 말하는 것을 꼬리의문문, 부가의문문이라고 하는데요, 만드는 방법은 이렇습니다.

be동사의 긍정형 → isn't/aren't/wasn't/weren't + 주어를 대명사로
be동사의 부정형 → is/are + 주어를 대명사로
일반동사의 긍정형 현재 → don't/doesn't + 주어를 대명사로
일반동사의 부정형 현재 → do/does + 주어를 대명사로
일반동사의 긍정형 과거 → didn't + 주어를 대명사로
일반동사의 부정형 과거 → did + 주어를 대명사로

기억해줘!

뭐라고 말하고 나서, '그렇지?, 그렇지 않아?'라고 덧붙여 묻고 싶을 때는 부가의문문을 넣어 말해보세요.	
너 혼자 살지, 그렇지?	You live by yourself, **don't you?**
이제 막 한국에 오셨군요, 그렇죠?	You've just come to Korea, **haven't you?**

I'm sure it's the perfect place to live.

이곳은 살기에 완벽한 장소라고 확신해요.

○ **"I'm sure it's the perfect place to live."** "난 ~라고 확신해."

'난 ~라고 확신해, 분명히 ~야'라고 할 때 'I'm sure (that) + 주어 + 동사'의 순서로 이어 말하면 되는데요, I'm sure 다음에 that을 써도 되고 이렇게 생략하고 말해도 좋아요.

'the perfect place' '완벽한 장소'인데 뭐하기에 완벽한 장소냐... 'to live' '살기에, 사는데' 완벽한 장소, 완벽한 곳이라는 말이죠.

입이 열리는 영문법

▶ **접속사 that**

내가 무엇이 어떻다고 확신한다고 말할 때 I'm sure 다음에 that을 넣거나 생략하고, 내가 확신하는 내용을 '주어+동사'로 연결된 절로 만들어서 연결하여 말하면 됩니다. '나는 네가 옳다고 믿어.'라고 한다면 'I'm sure (that) you're right.'이라고 하면 되고, '나는 네가 잘 했다고 믿어.'라고 할 경우에는 'I'm sure (that) you did a great job.'이라고 하면 되죠.

▶ **to부정사의 형용사적 용법**

명사 다음에 to부정사(to + 동사원형)를 연결하면 뒤에 있는 to 이하가 앞에 있는 명사를 수식해서 '~하는 어떤 것'이라는 뜻이 돼요. 예를 들어, '이 책은 영어를 배울 수 있는 최고의 책이야.'라고 하려면, 'It's the best book to learn English.'라고 하면 되고, '이 길이 거기로 가는 가장 빠른 길이야.'라고 한다면, 'It's the shortest way to get there.'라고 하면 되겠습니다.

기억해줘!

'무엇을 하기에 어떠한 ~'라는 말은 '형용사 + 명사' 뒤에 to부정사를 넣어 표현하세요.	
난 이 책은 영어를 배우는데 가장 도움이 되는 책이라고 확신해.	I'm sure this book is the most helpful book **to learn** English.
점심을 먹을 좋은 장소를 찾아봅시다.	Let's find a good place **to have** lunch.

I believe there's so much to do here!

여기서는 할 게 정말 많다고 생각해요!

○ **"I believe there's so much to do here!"** *"난 ~라고 믿어."*

'난 ~라고 믿어, ~라고 생각해'라고 할 때 'I believe (that) ~.'이라고 합니다. 이때 that은 생략해도 되기 때문에 주로 빼고 말하죠. I believe 다음에, 내가 어떻게 생각하고 믿는지 그 내용을 이어서 말하면 되니까 간단하죠?

곧 내가 영어로 유창하게 말하게 될 거라고 믿으신다면, I believe I'll be a fluent English speaker soon.라고 하시면 돼요.

'there's so much to do here'는 '여기에는 할 것이 아주 많다'라는 말이에요. 그냥 'much'라고만 해도 많다는 말이지만, 앞에 'so'를 넣으면 의미가 강조되어, 아주 많다는 뜻이 됩니다.

 입이 열리는 영문법

▶ **I believe (that) ~.**
내가 무엇이 어떻다고 믿는다고 말할 때 I believe 다음에 that을 넣거나 생략하고, 내가 믿는 내용을 주어+동사로 연결된 절로 만들어서 연결하여 말하면 됩니다.

 **기억해줘!**

'내가 생각할 때 ~ 것 같다'라고 말할 때는 I believe 뒤에 주어 + 동사의 순서로 말해보세요.		
I believe	this is the right job for you.	난 이게 너한테 딱 맞는 일이라고 믿어.
	you did your best.	난 네가 최선을 다했다고 믿어.

1

How do you like Vancouver so far ?

> **so far:** 지금까지
> **restaurant:** 식당
> **movie:** 영화

a. this one

b. this restaurant

c. the movie

2

I think that   it's a great city .

> **quite:** 매우
> **athletic:** 운동신경이 있는
> **last:** 마지막
> **chance:** 기회

a. it's good

b. you're quite athletic

c. this will be our last chance

3

It's really   a beautiful city , isn't it?

> **beautiful:** 아름다운
> **perfect:** 완벽한

a. a nice movie

b. good food

c. a perfect restaurant

4

I'm sure it's   the perfect place to live .

> **place:** 장소
> **right:** 적합한
> **job:** 일, 직업
> **helpful:** 도움이 되는

a. the right job to work

b. a good place to have lunch

c. the most helpful book

1. 학교는 지금까지 어때? (so far)

_____

2. 난 네가 옳다고 생각해. (right)

_____

3. 이건 정말 멋진 야구 모자다, 그렇지 않니? (really, cap)

_____

4. 그것이 살만한 최고의 차라고 확신해. (sure, best, buy)

_____

5. 난 그녀가 읽을 책이 많이 있다고 믿어. (believe, read)

_____

6. 여기에는 볼 게 없는 것 같아. (believe, nothing, see)

_____

Words

- **so far** 지금까지 • **think** 생각하다 • **right** 옳은 • **really** 너무나, 아주, 매우 • **cap** (야구) 모자
- **sure** 확실한, 확신하는 • **buy** 사다 • **believe** 믿다 • **many** 많은 • **here** 여기, 여기에

영작 . upgrade

1   I believe / I'm sure / I think ~.

1. 나는 네가 최선을 다했다고 믿는다. (did your best)

_____

2. 나는 이번에는 네가 그 일을 하게 될 거라고 확신해. (get, job)

_____

3. 나는 우리가 그 문제를 해결할 수 있을 거라고 확신해. (solve the problem)

_____

4. 나는 이게 맞는 길인 것 같아. (right way)

_____

5. 나는 네가 수영을 잘 한다고 생각해. (swimmer)

_____

2   I don't believe / I'm not sure / I don't think ~.

6. 나는 네가 실수했다고 생각하지 않아. (made a mistake)

_____

7. 나는 그가 이번에는 최선을 다했다고 믿지 않아. (believe, did his best)

_____

8. 나는 이게 맞는 길인지 잘 모르겠어(확신이 안 서). (sure, right)

_____

9. 내가 잘 한 건 지 모르겠다. (right thing)

_____

10. 나는 그가 이 자리에 적임자라고 생각하지 않아. (right person, position)

_____

3   ~, isn't it / aren't they?

11. 이 모자 참 예쁘다, 그렇지 않니? (really, pretty)

_____

12. 이 셔츠는 나한테는 너무 크다, 그렇지 않아? (shirt, too)

_____

13. 이 바지는 너무 비싸다, 그렇지 않아? (pants, expensive)

_____

14. 이 장갑은 너무 작다, 그렇지 않니? (gloves, small)

_____

15. 이 안경은 너무 눈에 띈다, 그렇지 않아? (glasses, eye-catching)

_____

Try it ~ 대화 영작

A: 우린 휴식이 좀 필요한 것 같아요. (need, rest)

1. _____

B: 맞아요. 우린 너무 지쳤어요, 그렇죠? (really, exhausted)

2. _____

A: 네. 여행이 우리 기분을 더 좋게 만들어 줄거라고 믿어요. (trip, feel better)

3. _____

B: 여행가기에 완벽한 계절이에요, 그렇죠? (perfect, season, take a trip)

4. _____

A: 당신 말이 맞아요. 갈만한 좋은 곳을 찾아봅시다. (place)

5. _____

B: 그래요. 쉴만한 최고의 장소를 고를 수 있을 거라고 확신해요. (best, rest)

6. _____

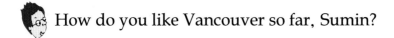

자신의 생각이나 의견을 표현하는 방법 익히기

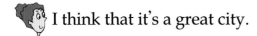

How do you like Vancouver so far, Sumin?

I think that it's a great city.

Me, too. I love living here.

It's really a beautiful city, isn't it?

Yes, it is. I'm sure it's the perfect place to live.

And I believe there's so much to do here!

민준: 지금까지 밴쿠버는 어땠어요, 수민씨?

수민: 멋진 도시라고 생각해요.

민준: 저도 그래요. 저는 여기에서 사는 것이 정말 좋아요.

수민: 정말 아름다운 도시예요, 그렇지 않아요?

민준: 네, 맞아요. 살기에 완벽한 장소라고 확신해요.

수민: 그리고 여기서는 할 게 정말 많아요!

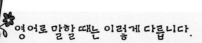 영어로 말할 때는 이렇게 답립니다.

'3일 후에, 4주 후에, 5년 후에'와 같이 얼마만큼의 시간이 지난 다음에, 후에라는 말을 할 때 later도 생각나시고, after도 생각나시죠? 그런데, 과거의 일을 되돌이켜서 말할 때가 아니라면 'in ~'라는 표현을 즐겨 써 보세요. 'I'll move to Busan in two years., I'll be back in 10 minutes.'와 같이 말이죠.

after나 later를 쓰는 경우에는요, 간혹 이 두 단어를 앞과 뒤에 다 붙여서 'after three days later'라고 하시는 분들이 있는데, after는 앞에, later는 뒤에 쓰는 말이니까 기억하시고, 둘 중 하나만 넣도록 하세요 ~~

Actions Speak Louder than Words
(말보다는 행동을)

A fox was being chased by hunters and asked a wood-cutter to hide him. The man told him to go into his hut. Soon afterwards, the hunter arrived and asked if he had seen a fox pass by. He answered "No"– but as he spoke he pointed his thumb towards the fox's hiding place. However, they listened to what he said and did not understand the hint. When the fox saw the hunters leave, he came out and left without talking. The woodman scolded him for not saying a word of thanks for his help. "I would have thanked you," the fox called back, "if your actions and your character agreed with your words."

This fable is for men who show public virtue but behave like liars.

이렇게 끊어 읽으면 쉬워요!

A fox / was being chased / by hunters / and / asked a woodcutter / to hide him. /
한 여우가　쫓기고 있었다　사냥꾼들에게　그리고　나무꾼에게 부탁했다　자신을 숨겨달라고

The man / told him to go into his hut. / Soon afterwards, / the hunter / arrived / and asked /
남자는　자신의 오두막집에 들어가라고 했다　곧 이어서　사냥꾼이　도착했다　그리고 물었다

if he had seen a fox pass by. / He answered / "No" / – but / as he spoke / he pointed his thumb /
나무꾼이 여우가 지나가는 것을 봤냐고　그는 대답했다　못봤소　하지만　그는 말을 하면서　엄지손가락으로 가리켰다

towards the fox's hiding place. / However, / they listened to / what he said / and
여우가 숨어있는 곳 쪽을　하지만　그들은 곧이 들었다　그가 하는 말을　그리고

did not understand the hint. / When the fox saw the hunters leave, / he came out / and left /
그 암시를 알아채지 못했다　사냥꾼들이 떠나는 것을 여우가 보고는　여우는 나왔다　그리고 가버렸다

without talking. / The woodman scolded him / for not saying a word of thanks / for his help. /
말도 없이　나무꾼은 여우를 꾸짖었다　고맙다는 말 한마디도 없는 데 대해　자신의 도움에 대해

"I would have thanked you," / the fox called back, / "if your actions and your character /
당신 에게 고마워했을 거예요　여우가 대답했다　만약 당신의 행동과 성격이

agreed with your words." / This fable / is for men / who show public virtue / but behave like liars.
당신의 말과 일치했더라면　이 우화는　사람들에 대한 것이다　공공연하게 착한 일을 하는 것처럼 하면서　거짓말쟁이로 위선을 떠는

해석

　사냥꾼들에게 쫓기던 여우가 나무꾼에게 숨겨달라고 애원했다. 남자는 자신의 오두막에 숨으라고 했다. 곧이어, 사냥꾼이 들이닥쳐 여우가 지나가는 것을 보지 못했느냐고 물었다. 나무꾼은 "못 봤소."라고 말하면서 엄지손가락으로 여우가 숨어 있는 곳을 가리켰다. 하지만 그들은 나무꾼이 한 말만 곧이 듣고 나무꾼의 암시를 눈치채지 못했다. 여우가 나무꾼들이 가버린 것을 보고는 밖으로 나와 말 한마디 없이 가버렸다. 나무꾼은 여우에게 어쩌면 고맙다는 말도 한 마디 없이 가버리느냐며 꾸짖었다. "고맙다고 했을 거예요," 여우가 말했다. "당신의 행동과 성격이 당신의 말과 일치했더라면 말이에요."

　이 우화는 앞에서는 공공연하게 착한 일을 하는 것처럼 하면서 사실은 위선을 저지르는 사람들에 대한 이야기입니다.

Words

- **chase** 뒤쫓다　• **woodcutter** 나무꾼　• **hide** 숨기다　• **hut** 오두막　• **pass by** 지나가다
- **thumb** 엄지손가락　• **hint** 암시, 힌트　• **scold** 꾸짖다, 나무라다　• **a word of thanks** 고맙다는 한 마디
- **agree with** 무엇과 일치하다　• **virtue** 선, 덕, 착한 일　• **behave** 행동하다

Chapter 17

길 묻고 대답하기

▶ **주제**
　모르는 길을 묻거나 대답할 수 있는 표현

▶ **문법 포인트**
　유도부사 there를 넣은 평서문과 의문문

● **그냥 말할 때:**
　어디에 무엇이 있다
■ There is a + 명사 + 어디. / There are + 복수 명사 + 어디.

● **물어볼 때:**
　어디에 무엇이 있나요?
■ Is there a + 명사 + 어디? / Are there + 복수 명사 + 어디?

Is there a gas station close to here?

가까운 곳에 주유소 있나요?

○ **"Is there a gas station close to here?"** "~가 있나요?"

'어디에 무엇이 있다'고 말할 때는 **'There is a + 무엇 + 어디.'**의 순서로 말하고, 어디에 무엇이 있는지를 물을 때는 there와 is의 순서를 바꿔서 'Is there a + 무엇 + 어디?'의 순서로 물어보면 됩니다. gas는 기체가 아니라, gasoline의 줄임말로 자동차에 넣는 기름을 뜻하죠. gas station은 자동차에 기름을 넣는 곳, 즉 주유소라는 말이구요.

'close to + 어디'라고 하면 '어디와 가까운 곳에, 어디와 가깝게'라는 뜻이에요. 'close to here'는 '여기와 가까운 곳에' 즉, '이 근처에'라는 말이죠.

'close'는 문이나 창문을 '닫는다'고 말할 때는 끝의 se 부분이 /z/로 발음되고, '가까운'이라는 형용사로 쓰일 때는 /s/로 발음된다는 것도 기억해 두세요~~

입이 열리는 영문법

▶ **There is 구문의 의문문**
어디에 무엇이 있는지를 물을 때는 'Is there + a + 무엇(단수형) + 어디?'의 순서로 말하면 됩니다. '이 근처에 서점이 있나요?'라고 한다면 'Is there a bookstore near here?' 라고 하면 되고, 가까운 곳에 택시 승강장이 있느냐는 말은 'Is there a taxi stand close to here?'라고 하면 되겠죠.

기억해줘!

지리를 잘 모르는 곳에 가서 어떤 것이 있는지를 물을 때 꼭 필요한 말이죠. **Is there a ~?** 기억해 두세요.			
Is there	a convenience store near here	?	이 근처에 편의점 있나요?
	a hospital close to here		가까운 곳에 병원 있나요?

There's a gas station just a couple of blocks from here.

여기서 한 두 블록 떨어진 곳에 주유소가 있습니다.

○ **"There's a gas station just a couple of blocks from here."** "~가 있어요."

There is를 줄여서 There's라고 하고, 그 다음에 '무엇 + 어디'의 순서로 말해요. 'There's a gas station.' '주유소가 있다.'는 말이죠, 어디에? 'just a couple of blocks from here' '여기서 단 한 두 블록 떨어진 곳에'. 'just'는 주유소가 있는 위치가 이곳과 가깝다는 의미로 넣은 말이에요.

'a couple of'는 '하나 혹은 둘'의 뜻입니다.

 입이 열리는 영문법

▶ **There is와 There are**

어디에 무엇이 있다고 말할 때는 'There's a + 무엇(단수형) + 어디.' 혹은 'There are + 무엇(복수형) + 어디.'라고 말해요. '책상 위에 고양이 한 마리가 있다.' 'There's a cat on the desk.', '책상 위에 고양이 두 마리가 있다.' 'There are two cats on the desk.', '내 가방 안에 우산이 하나 있다.' 'There's an umbrella in my bag.', '내 가방 안에 우산이 세 개 있다.' 'There are three umbrellas in my bag.'이라고 하면 되죠.

주변을 둘러보면서 보이는 것들을 There's a ~,, There are ~.를 넣어서 말해 보세요 ~~

기억해줘!

	어디에 무엇이 있다는 말은 There's a ~.로 간단하게 말할 수 있다는 것, 기억해 두세요.	
There's	a big park just a couple of blocks from here.	여기서 한 두 블록 떨어진 곳에 큰 공원이 있어요.
	a fancy restaurant just a couple of blocks from here.	여기서 한 두 블록 떨어진 곳에 근사한 식당이 있어요.

A: Straight ahead? 곧장 가면 되나요?

B: No, you have to turn right at the next intersection.
다음 도로에서 우회전 하셔야 해요.

 "Straight ahead?" "곧장 가면 되나요?"

영어에서는 이렇게 주어와 동사를 생략하고 말하기도 합니다. 'straight'는 '곧 장'이라는 뜻이고, 'ahead'는 '앞으로'라는 말로, '앞으로 곧장 가다'라는 말로 'straight ahead' 혹은 'go straight ahead'를 묶어서 외워두면 좋습니다.

입이 열리는 영문법

▶ 생략

영어에서는 동사를 빼고 간단하게 말하는 경우도 많습니다. '앞으로 곧장 가라구요?'라 고 말할 때 원래는 'Go straight ahead?'라고 해야 하겠지만, 앞의 Go를 생략하고, 'Straight ahead?'라고만 해도 맞는 문장이에요.

"You have to turn right at the next intersection."
"~해야 한다."

'have to'는 '~해야 한다'라는 뜻이에요. 주어에 맞게 have to나 has to를 쓰고, 그 다음에 동사원형을 쓰면 됩니다. 영어를 잘 하려면 많이 연습을 해야겠죠? You have to practice a lot!

'turn right'은 '우회전하다'라는 말이에요. 좌회전 하는 것은 left를 넣어서 turn left라고 하면 되겠죠. 'at the next intersection'은 '다음 사거리에서' 즉, 좌회 전이나 우회전을 할 수 있는 길이 나오면 거기에서...라는 말이에요.

 기억해줘!

'~해야 한다'는 말을 하고 싶을 때는 **have to** 다음에 해야 하는 동작을 나타내는 동사를 연결해서 말한다는 것, 기억해 두세요~~	
You **have to**	take a bus here.	여기서 버스를 타셔야 합니다.
	go straight for two blocks.	여기서 두 블록을 곧장 가셔야 합니다.

A: It's one block down from there. 거기서 한 블록 가시면 됩니다.

B: Sounds easy. 쉽겠네요.

○ "It's one block down from there." "거기서 ~ 가시면 됩니다."

영어에서 'down'은 꼭 '아래쪽, 내리막길'만을 뜻하지는 않구요, 이렇게 길을 가리켜 줄 때 down을 쓰는 것은 그냥 그쪽으로 가라는 뜻으로 이해하시면 되겠어요. 'It's one block' '그것은 한 블록 가면 있다', 'from there' '거기에서' 그러니까, 거기서 한 블록 가면 있다는 말이죠.

○ "Sounds easy." "쉽겠네요."

어? 문장이 주어가 아니라 sounds라는 동사로 시작했네요? 맞습니다. 원래는 앞에 That이나 It과 같은 주어가 있어서 'That sounds easy.' 혹은 'It sounds easy.'라고 해야 완전한 문장이지만 영어에서 이렇게 주어를 생략하고 'Sounds easy.'와 같이 말하는 경우가 많이 있어요. 상대방이 한 말을 듣고, '와, 그것 참 재미있겠는데?'라고 한다면? Sounds fun!이라고 하면 되겠죠^^

입이 열리는 영문법

▶ 생략

상대방이 한 말이 '어떻게 들린다'라고 말할 때 주어 It이나 That을 생략하고, 'Sounds easy.' '쉽겠군.', 'Sounds interesting.' '재미있겠는 걸.', 'Sounds great.' '훌륭하다., 멋지다.', 'Sounds strange.' '그거 이상한데.', 'Sounds terrible'. '끔찍하네.', 'Sounds funny.' '그거 웃기다.'와 같이 말한다는 것을 기억해 두세요.

 기억해줘!

상대방이 한 말이 어떻다고 말하고 싶을 때는 Sounds 다음에 알맞은 말을 넣어서 자신있게 말해보세요.		
Sounds	interesting.	그거 재미있네.
	strange.	그거 이상하군요.

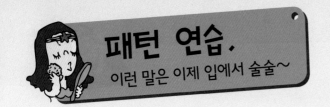

패턴 연습.
이런 말은 이제 입에서 술술~

1
Is there a gas station close to here ?

    a. a bookstore near here

    b. a convenience store near here

    c. a hospital close to here

> **gas station:** 주유소
> **bookstore:** 서점
> **convenience store:** 편의점
> **hospital:** 병원

2
There's a gas station just a couple of blocks from here .

    a. a cat on the desk

    b. a big park just a couple of blocks from here

    c. a fancy restaurant just a couple of blocks from here

> **a couple of:** 몇 개의
> **block:** 블럭, 구역
> **fancy:** 근사한

3
You have to turn right at the next intersection .

    a. go see a movie

    b. take a bus here

    c. go straight for two blocks

> **turn:** 돌다, 회전하다
> **intersection:** 교차로
> **straight:** 곧장

4
Sounds easy .

    a. fun   **b.** strange   **c.** difficult

> **fun:** 재미있는
> **strange:** 이상한
> **difficult:** 어려운

1. 가까운 곳에 ATM이 있나요? (close)

_____

2. 이 근처에 쇼핑몰이 있나요? (shopping malls, around here)

_____

3. 여기서 한 블록 떨어진 곳에 기차역이 있습니다. (train station, block)

_____

4. 그 근처에 가게가 몇 개 있습니다. (several, shop, around there)

_____

5. 다음 사거리에서 우회전 하셔야 합니다. (turn right, next intersection)

_____

6. 거기서 두 블록 떨어진 곳에 있어요. (from there)

_____

7. 어렵겠는데요. (difficult)

_____

Words
- **ATM** 현금자동인출기(Automated Teller Machine) • **close to** ～ ～와 가까운 • **block** 블록
- **from** ～에서부터 • **have to** ～해야 하다 • **turn** 돌다, 바꾸다 • **right** 오른쪽
- **turn right** 우회전하다, 오른쪽으로 돌다 • **next** 다음 • **intersection** 교차로
- **sound** ～라고 들리다, ～하게 들리다 • **difficult** 어려운

1   There's a ~. / There are ~.

1. 모퉁이에 괜찮은 식당이 하나 있어요. (restaurant, around, corner)

_____

2. 이 근처에 좋은 쇼핑몰이 하나 있어요. (shopping mall)

_____

3. 제 아파트에는 방이 세 개 있어요. (bedroom, apartment)

_____

4. 제 반에는 20명의 학생이 있어요. (class)

_____

5. 제 사무실에는 컴퓨터가 50대 넘게 있어요. (more than, office)

_____

2   Is there ~. / Are there ~?

6. 이 주변에 주유소 있나요? (gas station, around here)

_____

7. 이 근처에 은행 있나요? (bank, near here)

_____

8. 이 주변에 수퍼마켓이 있나요? (supermarket)

_____

9. 이 공원에 벤치가 있나요? (bench, park)

_____

10. 이 동네에 좋은 도서관이 있나요? (library, neighborhood)

_____

3   have to ~

11. 너 무척 조심해야 해. (really, careful)

_____

12. 너 거기에 정시에 도착하려면 지하철을 타야 해. (subway, on time)

_____

13. 나는 밖에 나가기 전에 먼저 내 일을 끝내야 해. (finish, work, going out)

_____

14. 나는 이것에 대해서 진지하게 생각해봐야 해. (seriously)

_____

15. 우리는 이 문제를 해결할 다른 방법을 찾아야 해요. (another, solve, problem)

_____

Try it ~ 대화 영작

A: 너 자기 전에 뭐 좀 먹어야 해. (something, before, go to bed)

1. _____

B: 그런 것 같아. 냉장고에 음식이 좀 있나? (so, any, refrigerator)

2. _____

A: 모르겠어. 아, 식탁 위에 햄버거가 하나 있어. (hamburger, kitchen table)

3. _____

B: 정말? 고마워.

4. _____

A: 삼키기 전에 여러 번 씹어야 해. (chew, many times, swallow)

5. _____

B: 그럴게. 고마워.

6. _____

모르는 길을 묻거나 대답할 수 있는 표현

 Is there a gas station close to here?

 Yes, there's one just a couple of blocks from here.

 Great, straight ahead?

 No, you have to turn right at the next intersection. And then it's one block down from there.

 Okay, sounds easy. Thank you.

 You're welcome.

민준: 여기 가까운 곳에 주유소 있나요?

행인: 네, 여기서 한 두 블록만 가면 있습니다.

민준: 알겠습니다. 곧장 가면 되나요?

행인: 아니요, 다음 사거리에서 우회전 하셔야 합니다. 그리고 거기서 한 블록 더 가세요.

민준: 예, 쉬울 것 같군요. 감사합니다.

행인: 천만에요.

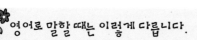 영어로 말할 때는 이렇게 다릅니다.

자동차에 주유를 할 때 우리말로 보통 "꽉 채워주세요"라고 하죠? 표준말은 아니지만 "만땅이요"라고도 하는데요, 영어로는 어떻게 말할까요? 기름이 들어가는 주유통을 it 또는 her라고 해서 'Fill it up.' 혹은 'Fill her up.'이라고 합니다. 물론, 뒤에 please를 넣어도 좋겠죠. 'Fill it up, please.' 혹은 'Fill her up, please.' 외국 여행가셔서 렌트카를 타고 여행하다가 자동차 주유할 때, 꽉 채워 넣고 싶을 때는 이렇게 말해보세요~~

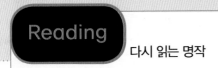

Misplaced Confidence (잘못 준 신뢰)

A wolf began to follow a flock of sheep but did not harm them. At first, the shepherd was scared it was an enemy and watched it carefully. But when it continued to stay with the sheep without making any attempts at doing evil, he thought it was more like a protector than an enemy. When the shepherd had a chance to go to the city, he left the flock with the wolf. The wolf saw its chance, and jumped on the sheep and tore most of them to pieces. When the shepherd came back and saw his flock destroyed, he said, "I deserved this because I trusted a wolf with sheep."

It is the same with men. People who leave valuable things in the hands of robbers must expect to lose them.

이렇게 끊어 읽으면 쉬워요!

A wolf / began to / follow a flock of sheep / but / did not harm them. / At first, / the shepherd /
늑대가   시작했다   양떼들을 따라가기   하지만 그들에게 아무런 해도 끼치지 않았다 처음에는   양치기가

was scared / it was an enemy / and watched it / carefully. / But / when it continued to stay /
두려워했다   적인 줄 알고   늑대를 지켜보았다 주의깊게 하지만   늑대는 계속 머물렀다

with the sheep / without making any attempts / at doing evil, / he thought / it was more like a protector/
양떼들과 함께   어떤 시도도 하지 않으면서   나쁜 짓을 하려는 양치기는 생각했다   보호자같다고

than an enemy. / When the shepherd had a chance / to go to the city, / he left the flock /
적이라기 보다는   양치기가 기회가 되었을 때   도시로 갈   그는 양떼들을 남겨두었다

with the wolf. / The wolf / saw its chance, / and / jumped on the sheep / and tore most of them to pieces./
늑대와 함께   늑대는 기회를 포착하고 그리고 양떼들에게 덤벼들었다   그리고 대부분의 양들을 갈갈이 찢어놓았다

When the shepherd came back / and saw his flock destroyed, / he said, / "I deserved this /
양치기가 돌아왔을 때   양떼들이 다 공격을 받은 것을 보았다 그리고 말했다   이래도 싸지

because / I trusted a wolf with sheep."
왜냐하면   내가 늑대에게 양떼들을 맡겨두었으니

It is the same / with men. / People who leave valuable things / in the hands of robbers /
마찬가지이다 사람들도   값진 것을 맡겨두는 사람들은   탐욕스런 사람의 손에

must expect to / lose them.
각오해야 한다   그것들을 잃어버릴 (각오를)

해석

늑대 한 마리가 양떼를 따라가기 시작했다. 하지만 양떼들을 해치지는 않았다. 양치기는, 처음에는 늑대를 적이라고 생각해 두려워하며 주의 깊게 감시했다. 하지만, 늑대가 계속 양떼들을 해치려고 하지도 않고 잘 있는 것을 보고 적이 아니라 보호자라고 생각했다. 양치기가 도시에 볼 일이 있어 가게 되었을 때 양치기는 양떼들을 늑대와 함께 남겨두고 갔다. 늑대는 기회다 싶어, 양떼들에게 덤벼들어 대부분을 갈갈이 찢어놓았다. 양치기가 돌아와서 양떼들이 다 공격을 받은 것을 보고는 말했다. "내가 늑대에게 양을 맡겼으니 당연한 대가를 받은 셈이군."
사람들도 마찬가지입니다. 탐욕스런 사람에게 귀중한 것을 맡기는 사람들은 결국 그것을 잃어버리게 될 거라는 것을 명심해야 합니다.

Words

- **flock** 무리, 떼 • **sheep** 양 • **harm** 해를 끼치다 • **shepherd** 양치기 • **scare** 겁주다 • **enemy** 적
- **watch carefully** 주의 깊게 지켜보다 • **attempt** 시도 • **evil** 사악한 • **protector** 보호자 • **chance** 기회
- **tear ~ to pieces** 갈기갈기 찢다 • **destroy** 파괴하다, 죽이다 • **deserve** 그럴 만 하다, 그래도 싸다
- **valuable** 소중한 • **in the hands of** 누구의 손안에 있다 • **robber** 강도 • **expect** 기대하다 • **lose** 잃다

Chapter 18

몸이 아플 때 증상 말하기

▶ **주제**
  몸이 안 좋거나 어디가 아플 때 증상을 표현하기

▶ **문법 포인트**
  '~하는 것'이라는 뜻의 what

● **이렇게 말하고 싶을 때:**
  '~하는 것' 이라는 말을 하고 싶을 때 쓰는 what

A: What's wrong? 어디 아파요?

B: I have a terrible stomachache. 배가 너무 아파요.

○ **"What's wrong?"** "어디 아파요?"

'wrong'은 원래 '(어떤 것이) 틀렸다, 잘못 되었다'라는 말이지만 사람에게 쓰면 '(어디가) 아프거나 안 좋다'는 것을 나타냅니다. 그래서, **상대방이 어디가 안 좋아 보이거나, 아파 보일 때** 이렇게 물어보면 돼요.

'What's wrong' 뒤에 'with you'를 붙여서, 'What's wrong with you?'라고 해도 좋구요. 걱정스러운 표정으로 What's wrong? 혹은 What's wrong with you?라고 하면 더 좋겠죠?

○ **"I have a terrible stomachache."** "~가 너무 아파요."

배가 아픈 통증이나 머리가 아픈 것, 허리가 아픈 것, 귀가 아픈 것, 몸살이 난 것 등을 가리키는 명사가 있는데요, 각각 아픈 부위에 ache를 붙이면 돼요. 배가 아프면 'stomachache', 머리가 아프면 'headache', 허리가 아프면 'backache', 귀가 아프면 'earache' 참 쉽죠? 이 단어들을 have 뒤에 이어서 말하면 됩니다.

배가 아프면 'I have a stomachache.' 머리가 아프면 'I have a headache.'처럼 말이죠. 그런데 너무 심하게 아프다? 그러면 이 단어들 앞에 terrible을 넣어주면 돼요. 너무너무 아프다라는 말이죠.

기억해줘!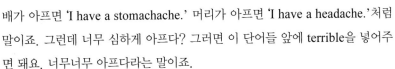

	하나, 문제가 있어 보인다면, 이렇게 물어보세요.		
What's	wrong	**?**	뭐가 잘못되었어?
	the matter		뭐가 문제야?
	the problem		무슨 문제 있어?
둘, 몸에 어떤 통증이 있을 때는 I have a 다음에 아픈 부위의 통증을 나타내는 말을 이어서 표현해 보세요.			
I have	a terrible headache.		아... 머리 아파 죽겠네.
	a little backache.		등이 좀 아프네요.

You don't look like you're doing very well.

좋아 보이지가 않네요.

○ **"You don't look like you're doing very well."**

"좋아 보이지가 않네요."

'look like'는 '어떻게 보인다, 어때 보인다'라는 말로, 그 다음에 어때 보이는지의 내용을 이어 말하면 됩니다. 'do well, do very well'이 '잘 지내다, 좋다'라는 말이니까, 'You're doing very well.'은 '네가 잘 지내고 있다., 너의 상태가 좋다.'라는 말이죠. 이걸 'You don't look like' 뒤에 이어서 'You don't look like you're doing very well.'이라고 하면 '네가 잘 지내고 있는 것 같지 않다.' 즉, '네가 안좋아 보인다., 몸이 어디가 아파보인다.'라는 말이에요.

상대방이 행복해 보이면? You look like 뒤에 '너가 행복하다'라는 말, 'you're happy'를 이어서, 'You look like you're happy.'라고 하면 되겠죠.

요즘 영어가 쉬워보여서 기분이 좋은 것 같네요! You look like you're happy!

입이 열리는 영문법

▶ **look like와 look**

look like 다음에는 절, 즉, 주어 동사로 이어지는 문장이나 명사가 따라 오구요, look 다음에는 형용사가 온다는 것을 기억해두세요. 예를 들어, '너 꼭 팬더같이 생겼다.'라고 할 때는 'You look like a panda.'라고 하면 되구요, '너 진짜 네 여동생이랑 닮았다.'라고 한다면 'You (really) look like your sister.'라고 하면 돼요. 그리고, '너, 시차적응이 안되는 것 같아.'라고 할 때는 'You look like you're suffering from jet lag.'이라고 하면 돼요.

반면에 그냥 look만 써서는, 'You look sad.' '너 슬퍼 보여.', 'You look happy.' '너 행복해 보인다.', 'You look tired.' '너 피곤해 보인다.'와 같이 말합니다.

기억해줘!

상대방이 어때 보인다는 말은 You look like ~., 어때 보이지 않을 때는 You don't look like ~.라고 말하는 것, 기억해 두세요.			
You	**look like**	you did a good job.	잘 한 것 같아 보이네.
	don't look like	you're feeling okay.	기분이 좋아 보이지가 않네.

A: Maybe you have some sort of food poisoning.

아마 식중독 같은 거에 걸렸나 보네요.

B: That could be.

그럴 수도 있지요.

○ "Maybe you have some sort of food poisoning."

"아마 ~ 같은 거에 걸렸나 보네요."

'Maybe'는 '(확실하지는 않지만) 아마 그럴 것 같다'라고 말할 때 쓰는 말이에요. 'food poisoning'은 '식중독'인데, '식중독 같은 것'이라고 할 때는 앞에 'some sort of'라는 말을 넣으면 됩니다. 'some'은 '어떤'이라는 말이고, 'sort'는 '종류'라는 뜻, 'of'는 '~의'라는 말이거든요. 그래서 'some sort of food poisoning'이라고 하면 '일종의 식중독 같은 것'이라는 말이 돼요.

○ "That could be." "그럴 수도 있지요."

'That'은 상대방이 한 말을 가리키는 거구요, 'could'가 가능성을 나타내는 조동사의 과거형이고, 'could be'는 '그럴 수 있다'는 가능성을 나타내는 말이에요. 상대방이 한 말이 가능성이 있다, 그럴 수도 있다고 생각했다면 'That could be.'라고 말하면 됩니다.

하나, 확실하진 않지만 아마 어떠한 것 같다는 말을 하고 싶을 때는 간단하게 'Maybe.'라고 할 수도 있고,
문장 앞이나 중간, 문장 끝, 어디든지 maybe를 넣으면 된다는 것, 기억해 두세요.
둘, 'could'가 조동사의 과거형이라고 해서 의미나 쓰임도, 과거의 일에 쓴다고 생각하지 마세요.
그냥, '그럴 수도 있겠다.'라고 생각되면? 'That could be.'라고 하세요.

A: What did you eat for dinner last night?

어젯 밤에 저녁 식사로 뭘 먹었는데요?

B: I had fish. That's probably what caused it.

생선을 먹었어요. 그게 아마 원인이었나 보네요.

○ **"What did you eat for dinner last night?"** "~로 뭘 먹었는데요?"

'What did you eat?'까지는, 뭘 먹었는지 묻는 말이고, 'for breakfast'를 연결하면, 아침 식사로 뭘 먹었는지를 묻는 거예요. 언제? 'last night' '어젯 밤에'. What did you eat과 for dinner, last night으로 구분해서 각각을 다른 것으로 바꾸면 다양한 것을 물어보는 의문문이 되죠. 어제 점심 식사로 뭘 먹었는지를 묻는다면? What did you eat for lunch yesterday?라고 하면 되겠습니다.

○ **"That's probably what caused it."** "그게 아마 원인이었나 보네요."

'what'은 '무엇'이라는 뜻의 의문사로도 쓰이지만, 이 문장에서처럼 "~하는 것"이라는 의미로도 쓰입니다. That이 'probably' '아마도' it라는 결과를 'caused' '야기한 것, 초래한 것'이라는 말이죠. 아하~~그게 원인인가보네...

상대방이 내가 하려는 말을 하거나 내 생각과 같은 얘기를 하면, 내 말이 그 말이야 라고 하죠? 이럴 때는 That's what I mean.이라고 합니다.

 입이 열리는 영문법

▶ 관계대명사 what

'what'은 '~하는 것'이라는 뜻으로 많이 쓰이는데요, '난 네가 무슨 말을 하는지 모르겠어.'라는 말은 'I don't know what you mean.'이고, '이건 내가 원하는 것이 아니야.'라는 말은 'This is not what I want.'가 되죠.

  기억해줘!

"~하는 것"이라는 뜻을 가진 what은 아주 자주 쓸 수 있는 요긴한 단어랍니다.			
Do you know	**what**	I mean?	내 말이 무슨 말인지 알아?
I don't understand		you're saying.	난 네가 하는 말이 무슨 말인지 모르겠다.

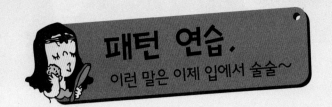

1

What's wrong ?

> wrong: 잘못된
> matter: 문제
> problem: 문제

a. the matter

b. the problem

2

I have a terrible stomachache .

> terrible: 지독한, 끔찍한
> stomachache: 복통
> earache: 귓병
> headache: 두통
> backache: 허리아픔,
> 요통

a. an earache

b. a terrible headache

c. a little backache

3

You look like you're doing very well .

> do well: 잘 지내다
> do a good job: 잘 하다
> feel okay: 기분이 좋다

a. you're happy

b. you did a good job

c. you're feeling okay

4

That's what caused it .

> cause: 원인이 되다
> mean: 의미하다

a. I mean   **b.** I want   **c.** I'm saying

1. 너 뭐가 잘못 됐어? (wrong)

_____

2. 너 아파 보인다. (sick)

_____

3. 나 머리가 너무 아파. (terrible, headache)

_____

4. 열이 많이 나요. (high, fever)

_____

5. 오늘 아침에 아침 식사로 뭘 먹었어? (for breakfast)

_____

6. 생선을 먹었어요. (fish)

_____

7. 그게 그것을 일으킨 원인이구나. (caused)

_____

Words

- **what** 무엇 • **wrong** 잘못된, 틀린 • **look like ~** ~인 것처럼 보인다
- **terrible** 끔찍한, 무시무시한, 심한 • **headache** 두통 • **fever** 열 • **what** ~한 것, ~하는 것
- **cause** 일으키다

영작 · upgrade

1   **You look like** + 주어 + 동사.

1. 너 감기 걸린 것 같다. (have a cold)

_____

2. 당신 어젯밤에 한 숨도 못 잔 것 같아요. (not ~ at all, sleep)

_____

3. 너무나 피곤하신 것 같네요. (tired)

_____

4. 큰 실수를 하신 것 같아요. (make a big mistake)

_____

5. 주말을 잘 보내신 것 같습니다. (great, weekend)

_____

2   **You don't look like** + 주어 + 동사.

6. 어제보다 기분이 더 나아보이시지 않는군요. (feel better than)

_____

7. 결과에 만족하시지 않는 것 같네요. (be satisfied with, result)

_____

8. 주말을 잘 보내신 것 같지가 않아요. (weekend)

_____

9. 시험을 치를 준비가 되신 것 같지 않아 보여요. (ready, test)

_____

10. 오늘은 영화를 잘 본 것 같지가 않네. (enjoy)

_____

3   what

11. 무엇이 그것을 일으켰는지 (원인이 되었는지를) 알아내지 못했어요.

(find out, cause)

_____

12. 무엇이 너를 화가 나게 했는지 나한테 좀 말해줘. (angry)

_____

13. 나는 (네가 무슨 말을 하는지) 무슨 말인지 모르겠어. (mean)

_____

14. 나는 네가 나한테 하는 말이 이해가 된다. (understand)

_____

15. 나는 그가 어제 우리에게 했던 말을 믿을 수가 없어. (believe)

_____

Try it ~ 대화 영작

A: 아파 보이는데. 무슨 일이야? (sick, matter)

1. _____

B: 배가 너무 아파요. (terrible, stomachache)

2. _____

A: 뭐 이상한 거 먹었어? (anything suspicious)

3. _____

B: 별로요. 무엇이 복통을 일으켰는지 모르겠어요. (cause)

4. _____

A: 의사에게 가보지 그러니? 자연적으로 치료될 것 같아 보이지가 않아.
(see a doctor, cure, naturally)

5. _____

B: 저를 좀 병원에 데려다 주실 수 있나요? (take, hospital)

6. _____

몸이 안 좋거나 어디가 아플 때 증상을 표현하기

 What's wrong? You don't look like you're doing very well.

 I'm not. I have a terrible stomachache. I've felt awful all day.

 Maybe you have some sort of food poisoning.

 That could be.

 What did you eat for dinner last night?

 I had fish. That's probably what caused it.

민준: 어디 아파요? 좋아 보이지 않는데요.

수민: 안 좋아요. 배가 너무 아파요. 하루 종일 이랬어요.

민준: 어쩌면 식중독 같은 것에 걸린 것 같은데요.

수민: 아마 그런 것 같아요.

민준: 어젯 밤에 저녁 식사로 뭘 먹었는데요?

수민: 생선을 먹었어요. 그게 아마 식중독을 유발한 것 같아요.

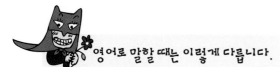

영어로 말할 때는 이렇게 다릅니다.

때로는 영어와 우리말 표현이 똑같네? 하는 생각이 들 때가 있습니다. 가령, '전기가 나갔다.'라고 할 때는 우리말의 '나가다'에 해당하는 'go out'을 써서, 'The electricity went out.'이라고 하거든요. 전원이 나 갔다는 말도 'The power went out.'이라고 하구요. Isn't it interesting? 재미있죠?

Third-Party Profit (제 삼자의 이익)

One hot summer day, a lion and a boar came to drink at a small spring. They started fighting about who should drink first, and provoked each other to a deadly battle. But stopping for a moment to breathe, they looked around and saw some vultures waiting to eat whoever of them was killed. Seeing this made them stop fighting. "It is better for us to be friends," they said, "than to be eaten by vultures and crows."

Conflict and contention are bad things, which result in danger for all parties, if they don't have the sense to fix things.

이렇게 끊어 읽으면 쉬워요!

One hot summer day, / a lion and a boar / came to drink / at a small spring. /
어느 더운 여름날,　　　　사자와 멧돼지가　　　마시러 왔다　　　작은 샘물로

They started / fighting about / who should drink first, / and provoked each other / to a deadly battle. /
그들은 시작했다　　뭐뭐에 대해 싸우기　　누가 먼저 물을 마실지　　그리고 서로를 심하게 공격했다　　죽을 정도로

But / stopping for a moment / to breathe, / they looked around / and saw some vultures waiting to eat /
하지만　　잠시 멈추었을 때　　숨을 가다듬으려고　　그들은 둘러보았다　　그리고 독수리들이 먹으려고 기다리고 있는 것을 보았다

whoever of them / was killed. / Seeing this / made them stop fighting. / "It is better / for us /
그들 중 어느 누구라도　　죽으면　　이것을 보는 것이　　그들이 싸우는 것을 멈추었다　　더 낫겠다　　우리가

to be friends," / they said, / "than to be eaten / by vultures and crows." /
친구가 되는 것이　　그들은 말했다　　잡아 먹히는 것 보다는　　독수리와 까마귀들에게

Conflict and contention / are bad things, / which result in / danger for all parties, /
갈등과 논쟁은　　　　나쁜 것이다　　　결과적으로　　　모두를 위험에 빠뜨릴 수 있다

if they don't have the sense / to fix things. /
그들이 이럴 분별력을 가지고 있지 않으면　　일을 제대로 할

해석

　어느 더운 여름 날, 사자와 멧돼지가 조그만 샘으로 물을 마시러 왔다. 그들은 서로 먼저 물을 마시려고 싸우기 시작했다. 그리고는 서로를 목숨을 걸고 치명적으로 공격하였다. 하지만 숨을 돌리려고 잠시 싸움을 멈춘 순간 돌아다보니 이 둘 중에 어느 누구라도 죽으면 뜯어먹으려고 기다리고 있는 독수리들이 있는 것을 보았다. 이것을 보고 둘은 싸움을 멈추었다. "우리가 친구가 되는 것이 좋겠군," 이라고 말했다. "독수리나 까마귀떼들에게 잡아 먹히는 것 보다는 말이야."

　화해를 통해 해결할 수 있는 능력이 없다면 갈등과 논쟁은 안 좋은 것이며, 결국 모든 이들을 위험에 빠지게 할 수 있다.

Words

- **boar** 야생돼지　• **spring** 샘, 샘물　• **provoke** 공격하다　• **deadly battle** 치명적인 싸움
- **breathe** 숨을 쉬다　• **vulture** 독수리　• **crow** 까마귀　• **conflict** 갈등　• **contention** 말다툼
- **result in** 결과적으로 ~하게 되다　• **all parties** 모든 사람들, 모든 이들　• **sense** 감각, 분별력

Chapter **19**

캠핑 계획하고 떠나기

▶ **주제**
가까운 미래에 일어날 일을 묻고 말하기

▶ **문법 포인트**
미래를 나타내는 현재진행형 시제

● **그냥 말할 때:**
현재진행형이 가까운 미래에 할 일을 나타내는 것
■ 주어 + be동사 + ~ing + 가까운 미래를 나타내는 부사(구).

● **물어볼 때:**
현재진행형의 의문문
■ Be동사 + 주어 + ~ing + 가까운 미래를 나타내는 부사(구)?

What are you doing next week?

다음 주에 뭐 할 거예요?

○ **"What are you doing next week?"** "~에 뭐 할 거예요?"

현재진행형으로 미래를 나타내는 표현인 **What are you doing** 다음에 다양하게 넣어서 상대방이 뭘 할 건지 물어보세요. 너, 내일 오후에 뭐 해? What are you doing tomorrow afternoon?, 이번 금요일에 뭐 하세요? What are you doing this Friday? 이런 식으로요~~

너, 몇 시에 출발해? What time are you leaving?, 너, 언제 돌아오니? When are you coming back? 이렇게도 물어볼 수 있답니다.

입이 열리는 영문법

▶ **미래를 나타내는 현재진행형**

원래 현재진행형 시제는 지금 현재 하고 있는 동작을 나타낼 때 쓰는 것인데요, 현재진행형으로 가까운 미래에 하기로 한 일, 예정하고 있는 일을 나타내기도 합니다. 형태는 물론 주어에 맞는 'be동사 + 동사원형~ing'이구요. 문장 끝에는 가까운 미래를 나타내는 부사나 부사구가 따라와요.

예를 들어, 'What are you doing this weekend?'라고 하면, '이번 주말에 뭐 할 거야?, 뭐 할 예정이야?'라는 말이에요. 우리말로도 그렇게 묻잖아요? '너 이번 주말에 뭐 해?'라구요. 대답해 볼까요? '나 이번 토요일에 친구들 만나.'라구요. 영어로는 'I'm meeting my friends this Saturday.'라고 하면 됩니다.

기억해줘!

가까운 미래에, 이미 하기로 한 일을 물을 때 이렇게 말해보세요.	
이번 주말에 너 뭐 하니?	What are you doing this weekend?
너희들 내일 어디에서 만나?	Where are you guys meeting tomorrow?

I'm going on a camping trip with some friends.

저는 친구들 몇 명이랑 캠핑 갈거예요..

○ **"I'm going on a camping trip with some friends."**

"~할 거예요."

'캠핑을 가다'라는 말은 'go on a camping trip'이라고 통째로 외워두시구요. 그냥 소풍가다, 야외에 가서 샌드위치도 먹으면서 노는 것은 'go on a picnic'이라고 합니다.

날씨도 좋고 해서 이번 주말에 야외로 나가신다구요? Are you going on a picnic this weekend?
That sounds good!! 좋으시겠어요!!

'나, 5시에 출발해.' 'I'm leaving at 5.', '나 토요일에 돌아와.' 'I'm coming back on Saturday.' 이렇게도 말할 수 있답니다.

어딜 가기로 정하셨다면, 이렇게 말해보세요. 'We're going to ~., I'm going to ~.' 이렇게요.

 입이 열리는 영문법

▶ **가까운 미래 표현과 현재진행형**
가까운 미래에 어떤 것을 하기로 한 일을 나타낼 때는 현재진행형으로 말해보세요. 'I'm going on a camping trip with some friends.'라고 하면 내가 지금 캠핑을 가는 중이라는 말이 아니라, 친구들과 캠핑을 가기로 했다는 말이죠.

 **기억해줘!**

가까운 미래에, 이미 하기로 한 일을 말할 때 이렇게 말해보세요.	
일요일에 옛날 친구들을 만날 거야.	**I'm meeting** my old friends on Sunday.
우리 내일 홍대 앞에서 만나.	**We're meeting** in front of Hongik University tomorrow.

I wish I could go.

저도 갈 수 있으면 좋겠네요.

○ "I wish I could go." "~ 할 수 있으면 좋겠네요."

'I wish ~.'는 현실적으로는 그렇게 할 수 없지만 그럴 수 있다면 정말 좋겠다라는 기원의 뜻을 나타내는 말이에요. 올 수 없다구? 네가 올 수 있다면 좋을텐데... I wish you could come.

저, 여름 휴가 때 터키 가는 데 같이 가실래요? 같이 갈 수 있다면 얼마나 좋겠느냐구요?

You wish you could come with me, right?

입이 열리는 영문법

▶ I wish I could ~

그럴 수는 없지만 그랬으면 좋겠다라는 바램을 나타낼 때는 'I wish + I could + 동사원형'을 기억하시면 좋습니다. 그랬으면 좋겠다고 바라긴 하지만, 실제로 이루어질 수는 없는 일을 나타내는 가정법 구문이에요.

'난 도통 네가 무슨 생각을 하는 지 알 수 없지만 네가 생각하는 것을 좀 읽어낼 수 있었으면 좋겠어.'라고 말하려면 'I wish I could read your mind.'라고 하면 되죠.

기억해줘!

사실은 그렇지 못하지만 어떻게 할 수 있다면 좋을텐데...라는 말을 하고 싶으면, I wish를 떠올리세요.		
I wish	we could go together.	우리가 함께 갈 수 있으면 좋을텐데.
	you could follow him.	네가 그 사람을 따라갈 수 있다면 좋겠다.

A: I have to work. 저는 일을 해야 해요.

B: You can join us next time! 다음에 우리랑 같이 가면 되죠!

○ **"I have to work."** "~ 해야만 해요."

뭔가 해야 한다고 말할 때는 **'have to'**를 넣어 말해보세요. 'I have to work.'는 '내가 일을 해야 한다.'라는 말이죠. 조용히 좀 해봐, 나 이 프로그램 들어야 한 단 말이야 라고 하면? 'Please be quiet. I have to listen to this program.'라고 하시면 되겠죠.

○ **"You can join us next time!"** "~하면 되죠!"

이번에는 네가 바빠서 못가서 아쉽지만 다음에는 우리랑 같이 갈 수 있잖아. 그 런 가능성이 있으니까 다음을 기약해보자라는 의미로, 'You can join us next time!'이라고 말했습니다. 'join + 누구 혹은 어떤 모임이나 단체의 이름'이라고 하면 '누구와 같이 가다, 어떤 모임이나 단체에 가입하다'라는 말이구요.

이번에 소개팅을 했는데 별로 마음에 안들었다구요? 다음 번에는 이상형을 만 날 수 있을거예요.

Don't worry. You can meet your Mr. Right next time.

		하나, 뭔가 해야 하는 일이 있다면? have to를 떠올리세요.	
I	have to	make dinner for my parents.	나는 부모님 식사 챙겨드려야 해.
We		hurry.	우리 서둘러야 해.

		둘, 가능성이 있는 일에 대해 말하고 싶을 때는 can을 떠올려 보세요.	
Cheer up! You	can	get a better job soon.	기운 내! 곧 더 좋은 일자리를 구할 수 있을거야.
Don't worry. We		get there on time.	걱정 마. 우리 정시에 그곳에 도착할 수 있을거야.

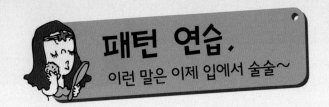
1 **What are you doing** next week ?

    a. this Friday

    b. tomorrow afternoon

    b. this vacation

> **next week:** 다음 주
> **vacation:** 방학, 휴가

2 **I'm** going on a camping trip with some friends .

    a. leaving at 5

    b. coming back on Saturday

    c. meeting my old friends on Sunday

> **camping:** 캠핑
> **trip:** 여행
> **leave:** 떠나다
> **come back:** 돌아오다

3 **I wish** I could go .

    a. you could come

    b. we could go together

    c. you could follow him

> **go together:** 함께 가다
> **follow:** 따라가다

4 **I have to** work .

    a. hurry   **b.** listen to this program

    c. make dinner for my parents

> **hurry:** 서두르다
> **program:** 프로그램
> **make dinner:** 저녁
> 식사를 만들다

1. 제주도로 몇 시에 출발해? (leave)

_____

2. 난 내 친구랑 영화 보러 가. (go to a movie)

_____

3. 우린 이번 주말에 캠핑 가. (go camping)

_____

4. 나중에 우리 집으로 오면 돼. (later)

_____

5. 다음 번에 더 잘 하면 되지. (do a better job)

_____

6. 나도 그럴 수 있었으면 좋겠다. (wish, do that)

_____

7. 난 엄마를 도와드려야 해. (have to)

_____

Words ---
- **leave** 떠나다　● **go to a movie** 영화보러 가다　● **go camping** 캠핑을 가다　● **later** 후에
- **do a better job** 더 잘 하다　● **next time** 다음에, 다음 번에　● **wish** 바라다, 희망하다, 소원하다
- **could** 조동사 **can**의 과거형　● **have to** ～해야 하다

영작 · upgrade

1   I'm/We're ~ing.

1. 나 내일 제주도로 떠나. (leave)

---

2. 나 다음 달에 홍콩으로 여행 가. (go on a trip)

---

3. 우리 다음 주에 여름 휴가 가요. (summer vacation)

---

4. 우리 내일 집들이 해요. (a housewarming party)

---

5. 저희 다음 달 초에 인천으로 이사가요. (move, early)

---

2   Are you ~ing?

6. 너 다음 주에 파리로 떠나는 거야? (leave)

---

7. 너희 내일 쫑파티 하니? (a wrap up party)

---

8. 너 이번 주 내로 돌아오는 거야? (come back, within)

---

9. 일요일에 조부모님 찾아뵈실 거예요? (visit)

---

10. 너랑 고등 학교 친구들, 오늘 모이는 거야? (get together)

---

3   Wh- are you ~ing?

11. 몇 시에 부산으로 떠나시나요? (leave)

_____

12. 왜 그렇게 일찍 출발하는 거예요? (so soon)

_____

13. 겨울 방학은 어디서 보낼 거니? (spend, winter vacation)

_____

14. 언제 돌아오는 건데? (come back)

_____

15. 공항에서 누구를 데려오는 거야? (pick up, airport)

_____

Try it ~ 대화 영작

A: 혼자 유럽으로 떠나는 거예요? (Europe, alone)

1. _____

B: 네. 3월 8일에 프랑크푸르트로 출발해요. (Frankfurt, the 8th of March)

2. _____

A: 좋겠네요. 유럽에서 여행을 하는 거예요, 공부를 하는 거예요? (good for you)

3. _____

B: 당분간은 여기저기 여행을 할까 생각 중이에요. (here and there, for a while)

4. _____

A: 그리고 나서는요? (then)

5. _____

B: 영어를 배울 수 있는 강좌를 몇 개 들을 수 있을 것 같아요. (take)

6. _____

가까운 미래에 일어날 일을 묻고 말하기

 What are you doing next week, Minjun?

 I'm going on a camping trip with some friends.

 Really? Where?

 We're going to Victoria park.

 I wish I could go, but I have to work.

 That's okay. You can join us next time!

수민: 다음 주에 너 뭐 해요, 민준씨?

민준: 친구들이랑 캠핑가려고요.

수민: 정말요? 어디로요?

민준: 빅토리아 공원으로 가기로 했어요.

수민: 저도 갈 수 있으면 좋겠지만, 할 일이 있어서요.

민준: 괜찮아요. 다음 번에 같이 가죠 뭐.

 영어로 말할 때는 이렇게 다릅니다.

우리가 평소에 자주 쓰는 말을 올바른 영어 표현으로 바꿔 말해볼까요? 호텔 등 숙박 시설이나 친구끼리도 아침에 일어나라고 전화를 해주는 경우가 있는데 이걸 흔히 morning call이라고 말하는데요. 정확한 영어 표현은 wake up call이랍니다. 잠에서 깨워주는 전화 정도의 의미지요. 그리고 내가 요즘 외로운데 미팅 좀 시켜주라 라고 할 때 미팅, 영어로 meeting을 시켜달라고 하면 회의를 하겠다는 말이 돼요. 영어로 미팅, 소개팅은 blind date라고 한답니다. 하나 더, 돈은 별로 없지만 그냥 구경이나 하면서 눈요기라도 좀 하자 싶어 아이쇼핑, eye shopping 이나 가자 라고 하시나요? 올바른 영어 표현은 윈도우 쇼핑, window shopping이라는 것 기억해 두세요~~

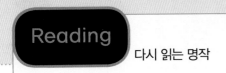

Cherishing a Viper (원수에게 은혜를 베풀다)

A hen found some serpent's eggs, which she hatched by carefully sitting on them and keeping them warm. A swallow watched her and said, "You fool, why do you raise creatures that will grow up and make you their first victim?"

Even the kindest treatment cannot tame evil nature.

A Voice and Nothing More (말 뿐이지 실속이 없어)

A lion's attention was attracted by the croak of a frog, which he thought was a big animal because of its sound. After waiting for a short while, he saw the frog come out of its pool. Running up and stepping on it with his foot, he cried, "Fancy a little thing like you making such a big noise!"

This fable is for people who have talkative tongues who can do nothing but talk.

이렇게 끊어 읽으면 쉬워요!

A hen / found / some serpent's eggs, / which she hatched / by carefully sitting / on them /
암탉이 발견했다 뱀의 알들을 그것들을 암탉은 품었다 정성스럽게 감싸고 그것들을

and keeping them warm. / A swallow / watched her / and said, / "You fool, / why do you raise creatures /
그리고 그들을 따뜻하게 했다 제비가 그녀를 보고 말했다 이 바보야 왜 그것들을 키우는 거야

that will grow up / and make you their first victim?"
자라서 가장 먼저 너를 공격할 텐데

Even the kindest treatment / cannot tame evil nature. /
아무리 잘 해준다고 해도 악한 천성을 유순하게 만들 수는 없다

A lion's attention / was attracted / by the croak of a frog, / which / he thought / was a big animal /
사자의 주의가 빼앗겼다 개구리의 큰 소리에 그것을 사자는 생각했다 큰 동물일거라고

because of its sound. / After waiting / for a short while, / he saw the frog come out of its pool. /
그 소리 때문에 기다린 후에 잠시 동안 그는 개구리 한 마리가 연못 밖으로 나오는 것을 보았다

Running up / and stepping on it / with his foot, / he cried, / "Fancy a little thing / like you /
달려들어서 그것을 밟고 발로 그는 소리쳤다 이 조그마한 것일 줄이야 너처럼

making such a big noise!"
그렇게 큰 소리를 내다니

This fable / is for people / who have talkative tongues / who can do nothing / but talk.
이 우화는 사람들에 대한 것입니다 수다스러운 혀를 가진 아무 것도 하지 않는 말 하는 것 밖에는

해석

암탉이 뱀의 알이라는 것을 알았지만, 정성스럽게 품어서 따뜻하게 감싸고 있었다. 제비가 이를 지켜보다가 말했다. "이 바보야, 나중에 자라면 네가 가장 먼저 희생양이 될 텐데 왜 그런 것들을 품고 있는 거지?"
아무리 친절하게 잘 대해줘도, 악한 천성을 유순하게 변화시킬 수는 없는 것입니다.

개구리의 울음 소리에 흠뻑 빠진 사자 한 마리가, 그 소리만을 듣고는 커다란 동물일거라고 생각했다. 잠시 기다린 후에, 사자는 개구리 한 마리가 연못 밖으로 나오는 것을 보았다. 달려들어 발로 개구리를 짓누르면서 사자는 소리쳤다. "그렇게 큰 소리를 내는 놈이 너처럼 작은 놈일 줄이야!"
이 우화는 말하는 것 말고는 아무 것도 하지 않는 수다스러운 혀를 가진 사람들을 풍자하는 것입니다.

Words

- **hen** 암탉 • **serpent** 뱀 • **hatch** 품다, 부화시키다 • **swallow** 제비 • **fool** 바보 • **raise** 키우다
- **creature** 생물 • **grow up** 자라다 • **victim** 피해자 • **treatment** 대우 • **tame** 길들이다, 유순하게 하다
- **attention** 주의, 주목 • **be attracted by** ~에 홀리다, 빠지다 • **croak** 개굴개굴 • **talkative** 수다스러운
- **tongue** 혀, 언어 • **do nothing but talk** 말하는 것 말고는 아무 것도 하지 않다

민준이 캠핑을 다녀온데 이어 수민도 친구들과 여행을 떠났다. 여행을 떠나고 보니 민준이 그리워 전화를 한 수민. 빨리 보고 싶은 마음이다. 한국에서 캐나다로 오는 비행기 안에서 만난 인연으로 그동안 캐나다에서 서로 의지하고 도움을 주고 받으며 애틋한 연인 관계로까지 발전한 두 사람... 영어 실력도 서로 경쟁하듯 노력해서 이젠 자신있는 의사 소통 실력까지 쌓았으니, 한국에 가서도 아름다운 사랑을 키우며 서로의 발전에 도움이 되는 좋은 친구이자 연인이 되기를 바래본다.

Chapter **20**

날씨가 어떤지 알려주기

▶ **주제**
  날씨가 어떤지 묻고 대답하기

▶ **문법 포인트**
  ~한 곳이라는 뜻의 where 넣은 문장 활용법

● **그냥 말할 때:**
  누가 ~한 곳
  ■ where + 주어 + 동사

A: How's the weather where you are?

지금 있는 곳은 날씨가 어때요?

B: It's sunny and hot!

화창하고 더워요!

 "How's the weather where you are?" "~는 날씨가 어때요?"

날씨를 묻는 기본적인 표현이에요. 'How's the weather?'이라고 짧게 많이 씁니다. 그 뒤에 '네가 있는 곳'이라는 의미로 'where you are'를 이어서 말한거예요. How's the weather 뒤에 장소를 넣어 말하기도 합니다. '서울 날씨가 어때?'라고 한다면 'How's the weather in Seoul?'이라고 하면 되겠죠.

입이 열리는 영문법

▶ where

'누가 ~하는 곳'은 영어로 'where + 주어 + 동사'의 순서로 말하면 돼요. '당신이 태어난 곳' 'where you were born', '당신이 사는 곳' 'where you live'와 같이 말이죠.

 **"It's sunny and hot!"** "화창하고 더워요!"

날씨를 나타낼 때는 It's 다음에 적당한 형용사를 넣어 말하면 됩니다. 다양한 날씨를 나타내기 위해서는 형용사를 많이 알아야겠죠? 화창하면 'sunny', 더우면 'hot', 추우면 'cold', 쌀쌀하면 'chilly', 따뜻하면 'warm', 시원하면 'cool', 너무나 추우면 'freezing', 습하면 'humid', 끈적거리면 'sticky' 이런 형용사들을 It's 다음에 넣어 말해보세요.

 기억해줘!

하나, '누가 ~한 곳'이라는 말, 간단하게 where로 해결된답니다.		
Is it cold	where you are?	너 있는 곳 춥니?
Is it crowded		지금 계시는 곳 붐비나요?

둘, 날씨가 어떻다는 말은 간단하게 It's ~.라고 하세요.		
It's	humid and sticky.	습하고 끈적거리네.
	freezing.	얼어죽겠네.

A: It must be nice!   (날씨가) 정말 좋겠네요!

B: I heard that on the news.   뉴스에서 들었어요.

○ **"It must be nice!"** "(날씨가) 정말 ~하겠네요!"

'(날씨가) 좋을 것이 틀림없구나!'라는 말로, '분명히 날씨가 좋겠구나'라는 뜻이에요.

'It must be cool.' '정말 멋지겠는 걸!', 'It must be boring.' '보나마나 지루할 거야.' 등등 자유롭게 말해보세요. 이 책으로 공부하면 참 재미있겠다구요? It must be fun!이라고 하시면 되죠^^

> ### 입이 열리는 영문법
>
> ▶ 추측의 must
>
> 'must'는 '반드시 ~해야 한다'라는 의무를 나타내기도 하고, '~한 것이 틀림없다'라는 확실한 추측을 나타내기도 해요. 물론 must가 조동사이기 때문에 뒤에는 동사원형을 써야 하고요.
> 상대방이 많이 피곤해 보인다면 '너 피곤한가보다.'라고 말할 수 있겠죠? 이것은 영어로 'You must be tired.'가 되죠. 상대방이 오랫동안 학수고대하던 취직에 성공했다면? 'You must be happy.' '너 참 행복하겠다.. 기분이 참 좋겠다.'라고 말해줄 수 있겠죠.

○ **"I heard that on the news."** "~에서 들었어요."

'내가 그 말을 뉴스에서 들었다.'라는 말이에요. 'I heard' '내가 들었다', 'that' '그것을', 어디에서? 'on the news' '뉴스에서', 이런 순서죠. '너 그 말 들었니?' 'Did you hear that?', '어, 나 그 말 들었어.' 'Yes, I heard that.' 이런 말은 아주 자주 쓸 수 있는 말이니까 기억해두시면 좋겠습니다. '뉴스에서'라는 말 'on the news'는 덩어리째로 기억해두시구요~~

분명히 어떻거라고 확신이 드세요? 그럴 때는 must를 떠올려 주세요.			
You	**must**	be tired.	너 피곤하겠다.
This test		be difficult.	이 시험 어렵겠는데요.

I think it's about -5 degrees or so.

영하 5도 정도 될 것 같아요.

○ "I think it's about -5 degrees or so." "~ 될 것 같아요."

'내 생각에 아마 영하 5도 정도 될 것 같아.'라는 말이에요. 평소에 이런 말 많이 하시죠? '~한 것 같애'라구요. 그걸 영어로는 'I think ~.'라고 하는 거예요. I think는 굳이 해석을 안 해도 되고, 그냥 I think 이하에 있는 내용을 말하면서 "그런 것 같아" 정도로 이해하시면 됩니다.

 입이 열리는 영문법

▶ I think

'~라고 생각한다'라는 말은 I think 다음에 that을 쓰거나 생략하고 주어 동사가 들어있는 문장을 이어 말하면 되겠습니다. that은 주로 생략하죠. '네 말이 맞는 것 같아.'라고 한다면 'I think you're right.'이 되겠죠. '네가 실수한 것 같아.'라고 한다면, 'I think you made a mistake.'라고 하면 되겠습니다.

▶ 비인칭 주어 it

날씨나 기온, 밝고 어두운 것, 시간, 요일 등을 나타낼 때는 It라는 비인칭 주어를 쓰는데요, 해석은 하지 않습니다. 'It's hot.' '더워요.', 'It's ten degrees.' '10도예요.', 'It's dark here.' '어둡네요.', 'It's five-thirty.' '5시 30분이에요.', 'It's Monday today.' '오늘 월요일이에요.'처럼요.

 **기억해줘!**

	'~인 것 같아, ~한 것 같아'라는 말은 I think ~로 시작해서 말해보세요.	
I think	you're right.	네가 옳은 것 같아.
	that's the best choice.	그게 최선의 선택인 것 같네.

A: Is it snowing there?　　　　　　그곳엔 눈이 내리고 있나요?

B: No, but It's supposed to snow tonight.

　　　　　　　　　　아니요, 하지만 오늘 밤엔 눈이 내릴 것 같아요.

○ **"Is it snowing there?"** "~하고 있나요?"

'거기는 지금 눈이 내리고 있어?'라고 묻는 말이에요. it은 의미가 없는 말이구요. 현재진행형 시제를 써서 지금 눈이 내리는 지 비가 내리는 지를 물을 때는 'Is it ~ing?'이라고 하시면 됩니다. '지금 비가 내리고 있어?'라고 물어보려면? 'Is it raining?'이라고 하시면 되겠죠. 'there'는 '그곳은, 거기에는'이라는 뜻이에요.

여러분 계시는 곳에 지금 눈이 내리나요? 비가 내리나요?
Is it snowing? Is it raining?

○ **"It's supposed to snow tonight."** "~할 것 같아요."

'아마 ~할 것 같다, ~하기로 되어있다' 등의 뜻을 나타낼 때 'be supposed to + 동사원형' 구문을 씁니다. 날씨가 어떠할 것이라고 말할 때는 주어를 it으로 해서 It's supposed to 다음에 동사원형을 쓰면 되는 거예요. 눈이 올 거라면 'It's supposed to snow.', 비가 올 것이라면 'It's supposed to rain.'과 같이 to 다음에 동사를 쓰면 되는데, 날씨가 어떠할 것이라고 형용사를 쓰려면 It's supposed to be 다음에 형용사를 넣어 말하면 됩니다. 'It's supposed to be hot.', 'It's supposed to be cold.'와 같이 말이에요.

 기억해줘!

~할 것이라는 말이나 ~할 예정이라는 말은 be supposed to를 넣어 말해보세요.			
Jason	**is supposed to**	be the MVP this year.	제이슨이 올해 MVP가 될 거예요.
Miju		move to Ilsan this month.	미주가 올해 일산으로 이사를 갈 거예요.

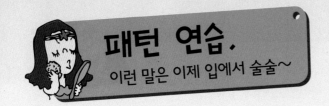
1

It's sunny and hot !

a. cold

b. freezing

c. humid and sticky

> cold: 추운
> freezing: 꽁꽁 얼게 추운
> humid: 습한
> sticky: 끈적대는

2

It must be nice .

a. cool

b. difficult

c. boring

> cool: 시원한
> difficult: 어려운
> boring: 지겨운

3

I think it's about -5 degrees or so .

a. you're right

b. you made a mistake

c. you're wrong

> degree: 도
> or so: 그 정도
> mistake: 실수
> wrong: 틀린

4

It's supposed to snow tonight .

a. rain   b. be hot   c. be cold

> be supposed to:
> ~할 것 같다
> rain: 비가 오다

1. 너 있는 곳은 날씨가 어때? (weather, where)

_____

2. 화창해. (sunny)

_____

3. 화창하고 더워. (hot)

_____

4. (분명히) 좋겠구나. (must, nice)

_____

5. 뉴스에서 들었어. (on the news)

_____

6. 영하 3도 가량 될 것 같아. (degrees)

_____

7. 내일 눈이 내릴 것 같아. (suppose)

_____

Words

- **weather** 날씨 • **sunny** 화창한 • **hot** 더운 • **must** 분명히, 반드시 어떠할 것이다
- **nice** 좋은 • **heard** hear (듣다)의 과거형 • **on the news** 뉴스에서 • **think** 생각하다
- **degree** 도 • **be supposed to** ~ ~할 것 같다, ~할 예정이다 • **snow** 눈이 내리다

1 How's the weather in/where ~?

1. 부산은 날씨가 어때? (weather)

_____

2. 토론토는 날씨가 어때? (Toronto)

_____

3. 네가 있는 곳은 날씨가 어때? (where)

_____

4. 너희 어머니가 계시는 곳은 날씨가 어때?

_____

5. 아버님이 일하시는 곳은 날씨가 어떤가요? (work)

_____

2 must be ~

6. 이거 정말 어렵겠다. (difficult)

_____

7. 이거 아주 재미있겠는데요. (interesting)

_____

8. 너 (틀림없이) 매우 바쁘겠다. (busy)

_____

9. 너희 아버지는 (틀림없이) 매우 피곤하시겠다. (tired)

_____

10. 그거 참 고통스럽겠네요. (painful)

_____

3 It's supposed to ~.

11. 오늘 밤에 비가 많이 올 것 같아요. (heavily)

_____

12. 주말에 눈이 내릴 것 같아요. (weekend)

_____

13. 내일은 아주 추울 것 같은데요. (tomorrow)

_____

14. 오늘 오후에는 쌀쌀하고 바람이 불 것 같습니다. (chilly, windy)

_____

15. 다음 주에는 화창하고 따뜻하겠습니다. (sunny, warm)

_____

Try it ~ 대화 영작

A: 계신 곳은 날씨가 어떤가요? (where)

  1. _____

B: 꽤 춥고 바람이 불어요. (pretty, windy)

  2. _____

A: 이곳 서울에는 눈이 많이 내리고 있어요. (heavily)

  3. _____

B: 길이 미끄럽겠네요. (road, slippery)

  4. _____

A: 네. 하지만 내일은 따뜻할 것 같아서, 눈이 녹을 거예요. (melt away)

  5. _____

B: 다행이네요. (sound)

  6. _____

날씨가 어떤지 묻고 대답하기

 How's the weather where you are?

 It's beautiful here today; sunny and hot!

 It must be nice! It's freezing where I am.

 I heard that on the news. How cold is it?

 I think it's about -5 degrees or so.

 Brrr! Is it snowing there?

 No, but it's supposed to snow tonight.

민준: 수민씨 있는 곳은 날씨가 어때요?

수민: 오늘 여기는 아름다워요. 화창하고 따뜻해요!

민준: 참 좋겠네요! 제가 있는 곳은 너무너무 추워요.

수민: 뉴스에서 들었어요. 얼마나 추운데요?

민준: 아마 영하 5도 정도 될거예요.

수민: 으휴~~! 거기는 눈이 내리고 있나요?

민준: 아니요, 하지만 오늘 밤에는 눈이 내릴 것 같아요.

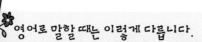

영어로 말할 때는 이렇게 다릅니다.

이번에는 영어 표현의 미묘한 차이들을 알아볼게요. 우리가 '늦잠을 잤다'라고 할 때 영어로는 뭐라고 할까요? 먼저 늦잠에는 두 가지 종류가 있습니다. 일요일 아침처럼 일찍 일어나도 되지 않는 날 늦게까지 작정하고 잘 때, 이건 'sleep in'이라고 해요. '나 어제 아침에 늦게까지 잤더니 기분이 훨씬 좋네.'라는 말은, 'I slept in yesterday and I feel much better now.'라고 하면 되겠어요. 반면에, 6시에 일어나서 준비하고 나가야 회사 출근 시간에 맞출 수가 있는데 어머나! 눈을 떠보니까 8시인거예요. 이건 실수로 늦잠을 잔거고 이로 인해 문제가 생기겠죠? 이건 'sleep late'라고 합니다. 그러니까, 'I was late for work today because I slept late. (오늘 회사에 지각을 했어요. 늦잠을 잤거든요.)' 라는 말을 할 수 있겠죠.

Killed by Kindness (과잉 친절)

It is said that when apes produce twins, they give much affection to one of them, feeding it with great care while they leave and neglect the other. But by chance of the law, the one that the mother loves to care for and keeps closely to her breast is suffocated to death, while the rejected on reaches maturity.

No planning can stand against destiny.

Forwarned Is Forearned (경계가 곧 경비이다 – 유비무환)

A farmer was stuck in his home by bad weather. Unable to go out and find food, he began by eating his sheep, and as the storms continued, he ate the goats next. Finally, since the rain did not stop, he started killing his plough oxen. The dogs, who have been watching what the farmer was doing, said to each other, "We better make ourselves scarce. If the master doesn't spare the oxen which share his labor, how can we expect him to save us?"

Don't take your friends for granted or do them harm.

이렇게 끊어 읽으면 쉬워요!

It is said that / when apes produce twins, / they give much affection / to one of them, / feeding it /
이렇다고들 한다　　　원숭이가 쌍둥이를 낳으면　　　원숭이는 많은 애정을 준다고　　　한 마리에게만　　　먹이면서

with great care / while / the other / they leave and neglect. / But / by chance of the law, /
정성스럽게 돌보면서　　　반면　　다른 한 마리는　　　내버려두고 등한시한다고　　　하지만　　　신의 섭리로

the one / that the mother loves to care for / and / keeps closely to her breast / is suffocated to death, /
그 한 마리는　　　엄마가 잘 돌본　　　　그래서　　　가슴에 꽉 끌어안은　　　숨이 막혀 죽어버리고 만다고

while the rejected on reaches maturity. /
　　반면 내팽개쳐진 새끼는 탈없이 잘 큰다고 한다

No planning / can stand / against destiny.
　　어떤 계획도　　이겨낼 수가 없다　　　운명을

A farmer / was stuck in his home / by bad weather. / Unable to go out / and find food, /
한 농부가　　　그의 집에서 꼼짝하지 못했다　　　나쁜 날씨로　　　밖에 나갈 수 없어서　　　그리고 음식을 찾다

he began / by eating his sheep, / and / as the storms continued, / he ate the goats next. /
그는 시작했다　　　그의 양을 먹음으로　　　그리고　　　폭풍이 계속되자　　　그는 다음으로 염소를 먹었다

Finally, / since the rain did not stop, / he started / killing his plough oxen. /
마지막으로　　　비가 멈추지 않자　　　그는 시작했다　　　그의 쟁기를 끄는 소를 죽이기

The dogs, / who have been watching / what the farmer was doing, / said to each other, /
개들은　　　보고 있었던　　　그 농부가 하는 것을　　　서로에게 말했다

"We better make ourselves scarce. / If the master / doesn't spare the oxen / which share his labor, /
우리는 두려워해야 해　　　만약에 주인이　　소를 남겨두지 않는다　　　그의 노동력을 공유하는

how can we expect him / to save us?" /
어떻게 우리는 그를 기대할까?　　우리를 살려둔다고

Don't take your friends for granted / or / do them harm.
　　당신의 친구를 당연한 것으로 받아들이지 마라　　　또는　　　그들에게 해를 가하다

해석

원숭이는 쌍둥이를 낳으면 한 마리에게는 조심스럽게 아껴주며 잘 먹이는 등 너무나 많은 애정을 주는 데 비해 다른 한 마리는 그냥 내버려두고 등한시한다고 한다. 하지만 신의 미묘한 섭리에 의해, 너무나 사랑해주면서 젖을 먹이고 품고 키운 새끼는 너무나 품에 끌어안아 죽어버리는 반면, 내팽개쳐놓은 새끼는 아무 탈 없이 잘 큰다고 한다. 어떤 계획도 운명을 이겨낼 수가 없다.

한 농부가 나쁜 날씨 때문에 집에서 꼼짝하지 못했다. 나가서 음식을 구할 수 없어서, 그는 자신의 양의 먹기 시작했고, 폭풍우가 계속되자, 다음으로 그는 염소를 먹었다. 드디어, 비가 그치지 않았기 때문에, 그는 쟁기를 끄는 소를 죽이기 시작했다. 그 농부가 하는 것을 보고 있었던 개들은 서로에게 말을 했다. "우리는 두려워해야 해. 만약에 주인이 자신의 노동을 공유하는 소를 아끼지 않는다면, 우리는 어떻게 그가 우리를 살려둔다고 기대할 수 있겠니?" 당신의 친구를 당연한 것으로 여기거나 그들에게 해를 가하지 마라.

Words

- **ape** 유인원　● **produce** 생산하다, 낳다　● **twin** 쌍둥이　● **affection** 애정　● **feed** 먹이다
- **neglect** 무시하다, 내팽개치다, 등한시하다　● **breast** 젖　● **reject** 거부하다　● **suffocate** 질식하다
- **reaches maturity** 성숙하여 잘 크다　● **stand against** ～를 이겨내다　● **destiny** 운명
- **unable** ～할 수 없는　● **plough oxen** 쟁기끄는 소　● **scarce** 무섭게 하다　● **spare** 아끼다
- **take ~ for granted** ～을 당연시 여기다

정답

정답

Chapter 1

공항에서 만난 어학연수 친구

p. 17

영어로 말해보세요

1. My name is Mina.
2. What's your telephone number?
3. I'm a sophomore.
4. Are you a senior?
5. No, I'm a freshman.
6. Nice to meet you.
7. Nice to meet you, too.

p. 18

영작, Upgrade

1. What's your dream?
2. What's your twitter ID?
3. What's your hobby / hobbies?
4. What's your specialty?
5. What's your ultimate goal?
6. Are you a housewife?
7. Are you a part-timer?
8. Are you serious?
9. Are you OK?
10. Are you busy?
11. I'm a full-timer.
12. I'm a graduate school student.
13. I'm full.
14. I'm cold.
15. I'm starving.

p. 19

Try it ~ 대화 영작

1. Are you a part-timer?
2. No, I'm a full-timer.
3. What's your dream?
3. I want to be a professional singer.

5. Are you serious?
6. Yes, I'm serious.

Chapter 2

서로에 대해 탐색하기

p. 31

영어로 말해보세요

1. I jog.
2. I swim every day.
3. Do you jog sometimes?
4. Not every day.
5. Are you a good swimmer?
6. Swimming is relaxing.
7. I swim three days a week.

p. 32

영작, Upgrade

1. Do you exercise every day?
2. Do you live here?
3. Do you sleep well?
4. Do you understand?
5. Do you work on the weekends?
6. I live here.
7. I swim every day.
8. I walk a lot.
9. I understand.
10. I get up early in the morning.
11. Reading is relaxing.
12. Singing is fun.
13. Jogging is helpful.
14. Swimming is good for health.
15. Dancing is very fun.

p. 33

Try it ~ 대화 영작

1. Do you live here?

2. Yes, I live next door.

3. Do you jog every day?

4. No, I jog twice or three times a week.

5. Jogging is good for health.

Chapter 3

수업에 관해 대화하기

p. 45

영어로 말해보세요

1. Do you like Sumin?

2. Do you take Korean writing class?

3. I take one English writing class and two business classes.

4. Does Sumin take business class, too?

5. Sumin likes you.

6. My roommate takes English writing class.

p. 46

영작, Upgrade

1. Do you have a pet?

2. Do you like singing?

3. Do you teach math?

4. Do you know that person?

5. Do you collect coins?

6. Does your sister like bread?

7. Does your father play tennis?

8. Does your husband help you at home?

9. Does your son have a girlfriend?

10. Does Namsoo live in Bundang?

11. I like cooking.

12. My parents play badminton every day.

13. My brother loves dogs.

14. My sister and I help each other.

15. I sometimes listen to this program.

p. 47

Try it ~ 대화 영작

1. Do you like romantic comedies?

2. Not really. My younger sister likes romantic comedies.

3. Does your sister have a boyfriend?

4. Yes, she does.

5. Then give these movie tickets to your sister.

6. Oh, thank you! My sister loves going to a movie.

Chapter 4

과거에 대해 물어보기

p. 61

영어로 말해보세요

1. What was he like at school?

2. Were you diligent?

3. Was he tall?

4. She was prettier at that time.

5. He's quite fat.

6. Weren't you friendlier?

7. Are you interested in football, right?

p. 62

영작, Upgrade

1. I was busier.

2. I was shorter.

3. I was fatter.

4. I was prettier.

5. I was shier.

6. I was more intelligent.

7. I was more outgoing.

8. I was more diligent.

9. I was more passionate.

10. I was more independent.

11. Were you busier?

12. Were you smarter?

13. Were you prettier?

14. Were you fatter?

15. Were you shier?

p. 63

Try it ~ 대화 영작

1. Is it you, Mina?

2. Yes, that's me. I was fatter at that time.

3. Oh, you were prettier.

4. Thank you. But I was shorter.

5. You look happy in this picture.

6. I was happier at that time.

Chapter 5

컴퓨터와 관련된 문제 해결하기

p. 75

영어로 말해보세요

1. Did you do your homework?

2. I lost my purse.

3. She caught a cold.

4. Why didn't you go to school?

5. What should we do?

6. It was more expensive than anything else.

7. Let me help you.

p. 76

영작, Upgrade

1. I lost my file.

2. My sister broke my bicycle.

3. I helped the children.

4. I caught a cold.

5. I had a fight with my colleague.

6. Did you reject the proposal?

7. Did you cause the accident?

8. Did you call me yesterday?

9. Did you check the schedule?

10. Did you go to Mina's birthday party?

11. Why didn't you ask me for help?

12. Why didn't you get a refund?

13. Why didn't you apply for the position?

14. Why didn't you do your homework?

15. Why didn't you take the train?

p. 77

Try it ~ 대화 영작

1. Did you go to Mr. Kim's housewarming party?

2. No, I caught a cold and stayed home.

3. Why didn't you call me?

4. I lost my cell phone.

5. Did you buy a new cell phone?

6. No, not yet.

Chapter 6

미래에 대한 희망사항 말하기

p. 91

영어로 말해보세요

1. What do you want to be when you grow up?

2. I want to be a doctor.

3. What sort of exercise?

4. I like playing the piano.

5. How about you? / What about you?

6. I decided to stay home.

7. Do you want to work for NASA?

p. 92

영작, Upgrade

1. I want to be a freelancer.

2. I want to eat dinner at home today.

3. I decided to take the job.

4. I wanted to be a pilot.

5. I decided to go to work by subway.

6. I enjoy cooking.

7. I like walking.

8. My brother loves hiking.

9. My husband quit smoking.

10. Jinwoo likes playing in the park.

11. Do you want to take a walk?

12. Does Sumin want to work for this company?

13. Do you like swimming in the sea?

14. Does your brother have two children?

15. Does your babysitter take care of your children?

p. 93

Try it ~ 대화 영작

1. Does your sister work here?

2. No, but she wants to work here.

3. Do you enjoy working here?

4. Yes. I like working with many people.

5. Does your mother take care of your daughter?

6. Yes. She wants to live with us.

Chapter 7

동아리에 대해 의견 나누기

p. 105

영어로 말해보세요

1. Did you wash your hands to eat?

2. Did you go to the zoo to see the animals?

3. I went shopping to buy a gift.

4. I sold my house to save money.

5. Why did you do that?

6. I want to travel the world, too!

p. 106

영작, Upgrade

1. I went shopping to buy a new shirt.

2. I sold my car to save money.

3. I waited for two hours to see Michael Jackson.

4. I began to play the drums.

5. I gave my friend my laptop computer for free.

6. Did you begin to play the drums?

7. Did you skip meals to lose weight?

8. Did you call me just to say hello?

9. Did you visit your mother to help her?

10. Did you lose 5 kilograms in a month?

11. Why did you go to Jejudo last week?

12. Why did you call me this morning?

13. Why did you sell your car?

14. Why did you send me an e-mail?

15. Why did you take this picture?

p. 107

Try it ~ 대화 영작

1. Why did you walk to work today?

2. I walked a lot for my health.

3. Did you lose weight?

4. Yes, I lost 3 kilograms in a month.

5. Why did you call me this morning?

6. I called you to jog together.

Chapter 8

취미와 특기에 대해 말하기

p. 119

영어로 말해보세요

1. Can you drive?

2. No, I can't.

3. I can't dance at all.

4. Can you play tennis?

5. I can't play the guitar, either.

6. I wanted to sing a song.

7. How about going on a picnic?

p. 120

영작, Upgrade

1. I can play the drums.

2. I can speak Japanese and Chinese.

3. I can eat very spicy food.

4. I can teach children English.

5. I can show you around.

6. Can you sing this song?

7. Can you help me with this work?

8. Can you give me a wakeup call tomorrow morning?

9. Can you give me a ride?

10. Can you lend me some money?

11. I can't hear you.

12. I can't join you tomorrow.

13. I can't understand this book.

14. I can't visit my grandmother this weekend.

15. I can't walk my dog today.

p. 121

Try it ~ 대화 영작

1. Can you help me with it?

2. Sure. What can I do for you?

3. Can you translate this Korean e-mail into English?

4. Well... let me see. Yes, I can.

5. Thank you. Can you finish it in ten minutes?

Chapter 9

쇼핑하기

p. 133

영어로 말해보세요

1. Can I help you?

2. I'm looking for some bags.

3. I'm reading a book.

4. What kind of movies do you like?

5. I'm doing my English homework.

6. This pair is the best sunglasses.

7. It looks pretty!

p. 134

영작, Upgrade

1. I'm taking a walk in the park.

2. I'm taking a shower now.

3. I'm having dinner now.

4. I'm working at my office.

5. I'm cleaning my room.

6. I'm not talking on the phone.

7. I'm not sleeping in my room.

8. I'm not telling a lie.

9. I'm not playing a computer game.

10. I'm not thinking about you.

11. Are you having lunch at home?

12. Are you playing tennis with your friend?

13. Are you working out at the gym?

14. Are you writing a novel?

15. Are you thinking about studying abroad?

p. 135

Try it ~ 대화 영작

1. Where are you now? Are you at school?

2. No, I'm home.

3. Are you having breakfast?

4. No, I'm not having breakfast. I'm washing my hair.

5. Are you thinking about staying home

today?

6. Yes. I'm really tired.

Chapter 10

축제와 여가보내기

p. 147

영어로 말해보세요

1. I was too tired but I couldn't take a break.

2. I was watching my favorite soap opera.

3. Why did you go there?

4. I was wondering whether you're interested in arts.

5. The Olympic Games are usually held in August.

6. Nights are getting longer and longer.

p. 148

영작, Upgrade

1. I was sleeping at 7 o'clock this morning.

2. I was jogging at 10 o'clock yesterday morning.

3. I was studying in the library when you called me.

4. I was eating lunch at home when you called me.

5. My parents were playing tennis when you visited my house.

6. I wasn't working at 10 o'clock last night.

7. I wasn't sleeping at home at midnight.

8. I wasn't talking on the phone at 8 o'clock.

9. I wasn't watching TV at that time.

10. I wasn't playing a computer game when you called me.

11. Were you having dinner when I called you?

12. Were you sleeping when we studied in the library?

13. Were you working at the office at about 5 o'clock yesterday?

14. Were you jogging in the park at about 8 o'clock yesterday morning?

15. Were you driving a car when I called you yesterday?

p. 149

Try it ~ 대화 영작

1. Hello, this is Joon. Were you taking a nap?

2. No, I wasn't. I was reading a novel.

3. Were you crying?

4. Yes, I was. This novel is really touching.

5. What's the title?

6. Let me see ...

Chapter 11

방학 동안 여행 계획하기

p. 163

영어로 말해보세요

1. What are you going to do next year?

2. I'm planning to learn to swim.

3. What are you planning to study this semester?

4. I'm going to go to Europe next spring.

5. Are you planning to fly tomorrow?

6. How long are you going to travel the world?

7. For a(one) year.

p. 164

영작, Upgrade

1. I'm going to learn Chinese.

2. I'm going to visit my grandparents this summer.

3. I'm going to learn swimming this year.

4. I'm going to lose 5 kilograms this month.

5. I'm going to send an e-mail to the company.

6. Are you going to take the job?

7. Are you going to call your mother?

8. Are you going to stay home during the summer vacation?

9. Are you going to buy the dress?

10. Are you going to sign up for a dance class?

11. What time are you going to leave?

12. When are you going to get together?

13. Where are you going to spend your summer vacation?

14. Why are you going to leave your boyfriend?

15. How are you going to get to the airport?

p. 165

Try it ~ 대화 영작

1. What are you going to do this weekend?

2. I'm going to clean up my house.

3. How long are you going to clean your house?

4. For about five hours.

5. Are you going to stay home after cleaning your house?

6. No, I'm going to play badminton with my friend.

Chapter 12

고장나거나 망가진 것 수리 요청하기

p. 177

영어로 말해보세요

1. My washer is leaking.

2. When did you finish your report?

3. A few hours ago.

4. Will you stay home tomorrow?

5. I'll give you a call.

6. It's very crowded!

7. I'll get the job done.

p. 178

영작, Upgrade

1. I'll pick up your sister at the airport.

2. I'll be there right away.

3. I'll call you as soon as possible.

4. I'll change my schedule for you.

5. I'll make a reservation for five people.

6. I'll not join the club.

7. I'll not come with you this time.

8. I'll not follow your advice.

9. I'll not go this way.

10. I'll not eat out today.

11. Will you come to my house this afternoon?

12. Will you really take the job?

13. Will you give him a call tomorrow?

14. Will you fix the computer for yourself?

15. Will you check out this book?

p. 179

Try it ~ 대화 영작

1. Will you buy a new computer?

2. Yes, I'll buy a new laptop computer at Yongsan.

3. Will you give your old computer to your friend?

4. No, I'll not. I'll throw it away. It's too old.

5. Will you really throw it away?

6. Yes, I will.

Chapter 13

경험에 대해 이야기하기

p. 191

영어로 말해보세요

1. Have you ever fallen in love?
2. Has he ever been on a ferry?
3. I've never been to Europe.
4. I went hiking last Friday.
5. Where did you put your cellular phone?
6. I went to Italy.
7. I heard you are very kind.

p. 192

영작, Upgrade

1. I've been to Europe once.
2. I've seen the movie more than three times.
3. I've eaten French food many times.
4. I've had a pet turtle.
5. I've fallen in love with a foreigner.
6. I haven't been abroad. / I've never been abroad.
7. I haven't eaten Thai food. / I've never eaten Thai food.
8. I haven't had a pet. / I've never had a pet.
9. I haven't seen the movie. / I've never seen the movie.
10. I haven't met him in person. / I've never met him in person.
11. Have you ever been to Greece?
12. Have you ever eaten Japanese food?
13. Have you ever seen this movie?
14. Have you ever had a pet cat?
15. Have you ever been dumped?

p. 193

Try it ~ 대화 영작

1. Have you ever traveled alone?
2. Sure. I've traveled alone many times.
3. Have you ever been abroad?
4. Yes, I've been to China and Japan.
5. Have you ever been to Europe, too?
6. No, I've never been to Europe.

Chapter 14

모임을 주선해볼까? 내가 먼저 제안하자!

p. 205

영어로 말해보세요

1. Why don't we go see a movie this weekend?
2. What do you want to buy?
3. Let's take a break.
4. Let's go fishing.
5. There is a big tree on a hill.
6. Let's not go there.
7. Let's not run out of roads.

p. 206

영작, Upgrade

1. Let's talk about it later.
2. Let's eat dinner at the Japanese restaurant.
3. Let's go on a trip this summer vacation.
4. Let's go for a drink after work.
5. Let's take a nap for about thirty minutes.
6. Let's not go this way today.
7. Let's not buy this jacket.
8. Let's not eat out today.
9. Let's not play computer games today.
10. Let's not talk about business today.
11. Why don't we eat at this Turkish

restaurant?

12. Why don't we take a walk together?

13. Why don't we meet at the subway station?

14. Why don't we go see a romantic movie tomorrow?

15. Why don't we talk about it over a cup of coffee?

p. 207

Try it ~ 대화 영작

1. Why don't we have some beer after work?

2. Let's not go for a drink today.

3. Then how about dinner? Let's eat dinner together.

4. All right. Let's go to the Korean restaurant.

5. OK. Why don't we try the Korean restaurant "Shilla"?

6. Why not? Let's go!

Chapter 15

식당에서 주문하기

p. 219

영어로 말해보세요

1. Are you ready to order?

2. I'd like a house salad.

3. What sort of dressing would you like?

4. What sort of dressing would you like on that?

5. Would you like something to drink?

6. Would you like something to drink with that?

7. Just water is fine.

p. 220

영작, Upgrade

1. I'd like some cold water.

2. I'd like some cheese cake.

3. I'd like some coffee.

4. I'd like some Hawaiian pizza.

5. I'd like some orange juice.

6. Would you like some coke?

7. Would you like some hot water?

8. Would you like some chocolates?

9. Would you like some bread?

10. Would you like some warm milk?

11. What sort of dressing would you like?

12. What sort of salad would you like?

13. What sort of cake would you like?

14. What sort of drink would you like?

15. What sort of bread would you like?

p. 221

Try it ~ 대화 영작

1. Would you like something to drink?

2. Yes, please. I'm really thirsty.

3. Would you like some water?

4. No, I'd like some juice.

5. What sort of juice would you like?

6. I'd like some apple juice, please.

Chapter 16

여행이나 경험에 대한 느낌과 생각 표현하기

p. 235

영어로 말해보세요

1. How do you like your school so far?

2. I think that you're right.

3. It's really a nice cap, isn't it?

4. I'm sure it's the best car to buy.

5. I believe she has many books to read.

6. I believe there's nothing to see here.

p. 236

영작, Upgrade

1. I believe you did your best.
2. I'm sure you'll get the job this time.
3. I'm sure we can solve the problem.
4. I think this is the right way.
5. I think you're a good swimmer.
6. I don't think you made a mistake.
7. I don't believe he did his best this time.
8. I'm not sure this is the right way.
9. I'm not sure I did the right thing.
10. I don't think he's the right person for this position.
11. This hat is really pretty, isn't it?
12. This shirt is too big for me, isn't it?
13. These pants are too expensive, aren't they?
14. These gloves are too small, aren't they?
15. These glasses are too eye-catching, aren't they?

p. 237

Try it ~ 대화 영작

1. I think we need some rest.
2. That's right. We're really exhausted, aren't we?
3. Yes. I believe taking a trip will make us feel better.
4. It's a perfect season to take a trip, isn't it?
5. You're right. Let's find a good place to go.
6. OK. I'm sure we can find the best place to rest.

Chapter 17

길 묻고 대답하기

p. 249

영어로 말해보세요

1. Is there an ATM close to here?
2. Are there any shopping malls around here?
3. There's a train station just one block from here.
4. There are several shops around there.
5. You have to turn right at the next intersection.
6. It's two blocks down from there.
7. Sounds difficult.

p. 250

영작, Upgrade

1. There's a nice restaurant around the corner.
2. There's a good shopping mall near here.
3. There are three bedrooms in my apartment.
4. There are twenty students in my class.
5. There are more than 50 computers in my office.
6. Is there a gas station around here?
7. Is there a bank near here?
8. Are there any supermarkets around here?
9. Are there any benches in this park?
10. Are there any good libraries in this neighborhood?
11. You have to be really careful.
12. You have to take a subway to get there on time.
13. I have to finish my work first before going out.
14. I have to think about it seriously.
15. We have to find another way to solve

this problem.

p. 251

Try it ~ 대화 영작

1. You have to eat something before you go to bed.
2. I think so. Is there any food in the refrigerator?
3. I don't know. Oh, there's a hamburger on the kitchen table.
4. Really? Thank you.
5. You have to chew many times before you swallow it.
6. I will. Thank you.

Chapter 18

몸이 아플 때 증상 말하기

p. 263

영어로 말해보세요

1. What's wrong with you?
2. You look like you're sick.
3. I have a terrible headache.
4. I have a high fever.
5. What did you eat for breakfast this morning?
6. I had fish.
7. That's what caused it.

p. 264

영작, Upgrade

1. You look like you have a cold.
2. You look like you didn't sleep at all last night.
3. You look like you're really tired.
4. You look like you made a big mistake.
5. You look like you had a great weekend.

6. You don't look like you're feeling better than yesterday.
7. You don't look like you're satisfied with the result.
8. You don't look like you had a good weekend.
9. You don't look like you're ready for the test.
10. You don't look like you enjoyed the movie today.
11. I couldn't find out what caused it.
12. Please tell me what made you angry.
13. I don't know what you mean.
14. I understand what you're saying to me.
15. I don't believe what he told us yesterday.

p. 265

Try it ~ 대화 영작

1. You look like you're sick. What's the matter?
2. I have a terrible stomachache.
3. Did you eat anything suspicious?
4. Not really. I don't know what caused it.
5. Why don't you go see a doctor? You don't look like you can be cured naturally.
6. Can you take me to the hospital?

Chapter 19

캠핑 계획하고 떠나기

p. 277

영어로 말해보세요

1. What time are you leaving for Jejudo?
2. I'm going to a movie with my friend.
3. We're going camping this weekend.
4. You can come to my house later.

5. You can do a better job next time.

6. I wish I could do that.

7. I have to help my mother.

p. 278

영작, Upgrade

1. I'm leaving for Jejudo tomorrow.

2. I'm going on a trip to Hong Kong next month.

3. We're going on summer vacation next week.

4. We're having a housewarming party tomorrow.

5. We're moving to Incheon early next month.

6. Are you leaving for Paris next week?

7. Are you having a wrap up party tomorrow?

8. Are you coming back within this week?

9. Are you visiting your grandparents on Sunday?

10. Are you and your high school friends getting together today?

11. What time are you leaving for Busan?

12. Why are you leaving so soon?

13. Where are you spending your winter vacation?

14. When are you coming back?

15. Who are you picking up at the airport?

p. 279

Try it ~ 대화 영작

1. Are you leaving for Europe alone?

2. Yes. I'm leaving for Frankfurt on the 8th of March.

3. Good for you. Are you traveling or studying in Europe?

4. I'm thinking about traveling here and there for a while.

5. And then?

6. I think I can take some classes to learn English.

Chapter 20

날씨가 어떤지 알려주기

p. 291

영어로 말해보세요

1. How's the weather where you are?

2. It's sunny.

3. It's sunny and hot.

4. It must be nice.

5. I heard that on the news.

6. I think it's -3 degrees.

7. It's supposed to snow tomorrow.

p. 292

영작, Upgrade

1. How's the weather in Busan?

2. How's the weather in Toronto?

3. How's the weather where you are?

4. How's the weather where your mother is?

5. How's the weather where your father is working?

6. It must be very difficult.

7. It must be very interesting.

8. You must be very busy.

9. Your father must be very tired.

10. It must be very painful.

11. It's supposed to rain heavily tonight.

12. It's supposed to snow on the weekend.

13. It's supposed to be very cold tomorrow.

14. It's supposed to be chilly and windy this afternoon.

15. It's supposed to be sunny and warm next week.

p. 293

| Try it ~ 대화 영작 |

1. How's the weather where you are?

2. It's pretty cold and windy.

3. It's snowing heavily here in Seoul.

4. The road must be slippery.

5. Yes. But it's supposed to be warm tomorrow and the snow will melt away.

6. That sounds good.